全民阅读体育知识读本

奥运会奇闻轶事

盛文林/著

台海出版社

图书在版编目（CIP）数据

奥运会奇闻轶事／盛文林著． －－北京：台海
出版社，2014.7
　（全民阅读体育知识读本）
　ISBN 978－7－5168－0432－2

Ⅰ.①奥… Ⅱ.①盛… Ⅲ.①奥运会－历史

Ⅳ.①G811.219

中国版本图书馆 CIP 数据核字（2014）第 175087 号

奥运会奇闻轶事

著　　者：盛文林

责任编辑：侯　玢　　　　　　　装帧设计：视界创意

版式设计：林　兰　　　　　　　责任印制：蔡　旭

出版发行：台海出版社

地　　址：北京市朝阳区劲松南路 1 号　　邮政编码：100021

电　　话：010－64041652（发行，邮购）

传　　真：010－84045799（总编室）

网　　址：www. taimeng. org. cn/thcbs/default. htm

E－mail：thcbs@126.com

经　　销：全国各地新华书店

印　　刷：北京一鑫印务有限公司

本书如有破损、缺页、装订错误，请与本社联系调换

开　　本：655×960　　　1/16

字　　数：130 千字　　　　　　　印　　张：12

版　　次：2014 年 10 月第 1 版　　印　　次：2021 年 6 月第 3 次印刷

书　　号：ISBN 978－7－5168－0432－2

定　　价：29.60 元

前　言

　　1896 年 4 月 6 日下午 3 点，在经过重修的雅典帕那辛尼安体育场，希腊国王乔治一世宣布：第一届现代奥林匹克运动会开幕。他在开幕词中说："但愿奥林匹克运动会的复兴能增进希腊人民与各国人民的友谊；但愿体育运动和它所崇尚的道德观念有助于造就新一代的希腊人，无愧于他们的先辈。"现代奥林匹克运动自此登上了历史舞台。

　　百年奥运，留下不少令人回味无穷的感人故事，更有大量鲜为人知的奇闻趣事，也让我们记住了很多人。他们的经历有的令人捧腹大笑，有的令人深思……

　　百年奥运史上，带来感动和快乐的人物、事件不胜枚举：大清国要员观看了雅典、巴黎两届奥运会；英国牛津大学的学生博兰在雅典旅游途中夺得金牌；奥运冠军被哈佛开除；送水脚夫成了马拉松冠军；助人、夺冠两不误；田径天才吉姆索普；泳星成影星；鼓错了掌声空欢喜；田径大王刘易斯；参赛者人人获奖；趁雨过把奥运瘾；最后一枪打到了别人的靶上……

　　本书以独特的视角、幽默的语言及图文并茂的形式，准确、翔实地记述了一百多年来现代奥运会上的怪事、趣事和一些匪夷所思的事件，可谓是一部饶有趣味的"另类"现代奥运史。相信读者必将从另一角度去了解并熟悉现代奥运会，由此对奥运会产生浓厚的兴趣，并努力参与这一人类的盛会。如此，就达到了我们编写本书的目的。

目　录

第1届 1896 年雅典奥运会

匈牙利海豚——哈约斯

匈牙利阿尔弗雷德·哈约斯 13 岁那年，他的父亲在多瑙河中溺水而亡，这给他心理上一个沉重的打击。他决心成为一名出色的游泳运动员。1895 年他成为 100 米自由泳全国冠军和欧洲游泳锦标赛的冠军，1896 年又蝉联这两个比赛的冠军称号，因此被人们亲昵地称为"匈牙利海豚"。

首届雅典奥运会期间，18 岁的哈约斯是学习建筑的一名大学生。他向布达佩斯理工大学校长请假，校长勉强同意他请假去雅典参加比赛。

奥运会的游泳比赛在比雷埃夫斯附近齐亚湾冰冷的海水中进行。4 月初的海水温度确实可怕，美国选手一跳入水

匈牙利代表团

中，就冻得直叫："我要冻僵了！"便慌忙地爬了上来。选手们由一艘大火轮送到建在海里的平台上，比赛的距离是由发令员估计的，很不精确，泳道设在公海里，水面上固定了一些空心南瓜作为标记。因为比赛条件艰苦，许多选手都放弃了比赛。

　　哈约斯参加了 100 米和 1200 米自由泳比赛，他身上涂了一层半英寸厚的油脂，目的是为了防寒。在 100 米项目中他身体多次受伤。一听到枪响，他跃入水中，任凭风浪摆布，向终点冲去。但是很多选手无法沿着南瓜浮标的泳道前进，因为遇到 12 英尺高的海浪。哈约斯奋勇拼搏，海水冰冷刺骨，他在海水中发生痉挛，不知如何是好，求生的欲望远远超过了获胜的愿望。为了能够生存下去，他飞快地向终点游去。以 1 分22.2 秒获得百米自由泳冠军。几小时后，他以 18 分 22.2 秒又获得 1200 米自由泳冠军。

　　在庆功宴会上，希腊国王问他在何处学的游泳，他冷静地说："在水中。"

　　布达佩斯理工大学校长对哈约斯的两项奥运冠军没有祝贺，反而严厉地说道："我对你的奖牌不感兴趣，我急切地想知道你下一门考试的成绩如何？"毕业之后，哈约斯成为匈牙利最优秀的建筑师。他在布达佩斯的玛格丽特岛上，设计了世界上第一座室内游泳池，得到了人们高度赞扬，因此他被称为现代体育建筑师的"鼻祖"。

　　1928 年，哈约斯以建筑师的名义参加了荷兰阿姆斯特丹的奥运会，荣获奥运会颁布的体育建筑艺术奖章。

　　此外，哈约斯还喜欢踢足球，是匈牙利著名的球星，1902 年匈牙利第一支国家足球队成立，他是队员之一。

邮票挽救了奥运会

　　1894 年 6 月，经过巴黎国际体育会议协商之后，雅典成为现代首届奥运会的主办城市。顾拜旦考察雅典时，发现古奥运会运动场已是断壁残垣，在废墟上重建运动场是要大笔资金的。

　　在 19 世纪末，要想依靠社会力量来兴办对许多人尚且陌生的奥运会，困难是可想而知的。尽管如此，顾拜旦仍全力以赴地奔波四方，说服有影响的社会名流，在记者招待会和其他各种公众场合发表演说。终于，他在雅典掀起了一股奥运热潮，社会各阶层都向奥运会投去了关注的目光。

雅典奥运会组委会由12人组成。在筹措资金的问题上，对古希腊文化的骄

第一届奥运会场景

傲使他们确立了一个原则：只接受希腊人的捐款，不接受外国人的赞助——外国人的赞助将伤害希腊人民的尊严。这也给筹款工作带来了难度。

组委会经过协商，决定向定居在亚历山大港的希腊首富乔治·阿维罗夫贷款50万德拉克马。一贯热心支持、赞助文化事业的阿维罗夫闻此消息，立即向组委会贷款，而且还慷慨解囊承担了修复体育场的全部费用，出资总数达到92万德拉克马。阿维罗夫的这一义举使自己成了名垂青史的希腊民族英雄。可要想成功举办一届奥运会，资金还有一大缺口。于是，组委会决定发行有史以来的第一套奥运会纪念邮票以解燃眉之急。这的确是个妙计良方。纪念邮票在短时间内即告售罄，组委会由此收入40万德拉克马。希腊发行的12枚的奥运会纪念邮票，这既是世界上最早的一套奥运会邮票，也是世界上最早的一套体育邮票。这套邮票共有12枚，其中包括古希腊著名雕塑家米隆的名作《掷铁饼者》、古希腊拳击、战车赛、古雅典竞技场、胜利女神和其他与古希腊体育运动有关的艺术作品等图案。邮票以富有古希腊艺术和文化色彩的边框进行装饰，邮票对奥运会作出了巨大的贡献，顾拜旦后来在回忆第1届奥运会的过程时说："奥林匹克邮票一发行，办奥运会已成定局。"于是有了"邮票挽救了奥运会"一说。

这个意外的成功，使人们深受启发，从此邮票和奥运会紧紧相连。1906年在雅典召开的国际奥林匹克特别运动会发行了14枚奥运会邮

票，以后，许多国家在奥运会期间，竞相发行纪念邮票。

被哈佛开除的奥运冠军

在现代奥运会的众多冠军中，人们最难忘记的就是第一个冠军——美国三级跳远运动员詹·康诺利。

28 岁的康诺利是美国哈佛大学的学生，他从小喜欢田径、篮球等运动，当他听说要在希腊举行第 1 届现代奥运会的消息时，便向校方请假，准备参加雅典大赛。想不到校方认为：参加如此漫长的运动会，会妨碍正常学业。如果他坚持要去，就要被除名。康诺利听了火冒三丈，与校方领导发生了激烈的争执。他一气之下，冒着被开除的风险，与另外 13 名选手一起，登上了向希腊进军的德国福达号货轮。要知道，其他美国选手都是波士顿体育协会麾下的成员，参赛是得到资助的，而康诺利不被这个上层社会的精英机构所接受，为了参赛他花掉了所有的积蓄 700 美元。

1896 年 4 月 6 日，第 1 届奥运会的第一项比赛三级跳远开始，有 5 个国家的 7 名选手参加了角逐。轮到康诺利时，他深深地吸了一口气，以猛虎下山般的雄姿，呼啸着、狂奔着……准确地攻板，"噌！噌！噌！"，13.71 米，他终于夺得了梦寐以求的金牌，成为现代奥运史上的第一个冠军。运动场上奏起了美国国歌，升起了美国国旗，这在以后就成了奥运会的传统发奖仪式。

第二天，康诺利在跳远比赛中，以 6.11 米的成绩获得铜牌；最后，他还参加了跳高比赛，结果又以 1.65 米的成绩夺得银牌。

康诺利戴着 3 枚奖牌回国，理应受到哈佛大学的热烈欢迎。可是，他做梦也没想到，校方竟因他"破坏校规"而开除了他的学籍。意志坚强的康诺利没有气馁，没有屈服，在精神上受到巨大打击的情况下，仍决心要参加 4 年后的巴黎奥运会。

1900 年 5 月，32 岁的康诺利又远渡重洋，来到法国巴黎，参加了旷日持久、堪称"马拉松式"的第 2 届奥运会。康诺利以 13.97 米的成绩，获得了三级跳远的银牌。

康诺利退出体坛后，成了有名的记者和作家。他穿梭于世界各地，写下了 25 部长篇小说、200 多篇短篇小说和无数篇赛场报道，得到美国总统罗斯福的赏识，他俩也因此成为亲密的朋友。

1949 年，康诺利 81 岁高龄时，为了纪念他在奥运会上的功绩，美国哈佛大学以授予他名誉博士学位的方式，来挽回昔日校方与这位运动员之间的"不愉快事件"。康诺利于 1957 年 1 月 20 日逝世，享年 88 岁。

如今，在美国洛杉矶的冠军博物馆里，竖立着一个冠军纪念碑，碑上铭刻着美国在历届奥运会上取得冠军的运动员的名字，以表彰他们为美国争得的荣誉，纪念碑上第一个赫然醒目的名字便是詹·康诺利。

令人讥笑的起跑姿势

田径比赛作为主体项目，引起了强烈关注，特别是男子 100 米的比赛。1896 年 4 月 10 日，7 万名观众挤满了拥有 47 排座位的看台。男子 100 米比赛的预赛分成三组进行，各组前两名进入下一个轮次的决赛，其中美国的托马斯·伯克（1875 年~1929 年）在预赛中跑出了 11 秒 8 的最好成绩，伯克是美国波士顿田径协会的成员。当时场上的跑道是用长绳分隔开，绳子高出地面约半米，运动员各行其道，互不干涉。参赛选手大都穿着过膝的长裤和半袖衬衫，脚上则是笨重的皮鞋，起跑姿势更是千奇百怪：1 道上是美国的选手雷恩，半蹲，双手交叉；2 道上是匈牙利选手谢克利，左脚在前右脚在后半蹲着，双手摊开；3 道上是德国的霍夫曼弓着身体，手持着地的小木棍；4 道上是美国的伯克，四肢着地臀部抬起；5 道是希腊的卡库康尼迪里斯。他几乎是直立着的（由于美国选手托·柯蒂斯弃权，只有 5 名选手站在男子 100 米决赛的起跑线上）。

运动员们各自怪异的姿势引得场上观众议论纷纷，而伯克的姿势在当时不能被人们所接受，许多人看不惯，大多数人认为是最傻最可笑的，因此在观众席上引起一阵阵哄笑——然而，伯克采用的姿势是最接近现代短跑的起跑姿势，是最合理的。

发令枪声一响，运动员立刻飞奔起来，伯克像猛虎下山一样，有巨大的冲击力，速度比其他运动员快得多。最后，伯克以 12 秒整的成绩夺得了冠军，手持木棍的霍夫曼第二个到达，因为只有一个计时表，估计成绩是 12 秒 2，美国的雷恩和匈牙利的谢克利几乎同时到达终点，分获第三、四名，而东道主则位列第五。

伯克采用的起跑姿势，据说是美国耶鲁大学一位教师传授给他的，是这位教师在 1887 年受袋鼠动作的启发而创造出来的。伯克的成功证实了这种技术的优越性和科学性，后来经过不断地改进和完善，遂成为现在田径运动中的蹲踞式起跑姿势。

送水脚夫成了马拉松冠军

在第 1 届奥运会比赛中，最激动人心的场面是马拉松比赛，它在希腊刮起了一股狂热的爱国主义旋风。

马拉松跑比赛安排在第五天，前四天的比赛，希腊人眼巴巴地看着一项项冠军被外国人夺走，这使得一向以光荣的体育传统而自豪的希腊观众心里很不是滋味，他们把希望集中在最后一项——马拉松赛跑的争夺上。

比赛于 1896 年 4 月 10 日举行，有希腊、美国、法国和匈牙利等 5 个国家的 25 名运动员参加。个头瘦小、貌不惊人的希腊选手鲁伊斯是一名送水的脚夫，他穿着家乡村民送给他的鞋子，与其他选手一起出发。沿途聚集着许多希腊观众，一个劲地为希腊运动员加油助威。发令枪一响，法国运动员勒米西奥一马当先，赛程过了 30 公里，勒米西奥仍然领先，有人急不可耐地把象征胜利的橄榄枝环套到了他脖子上。但是，当跑到 34 公里时，鲁伊斯追了上来，他的步伐轻捷有力，观众的情绪骤然高涨，"加油！鲁伊斯！""加油！鲁伊斯！"欢呼声此起彼伏。鲁伊斯斗志倍增、越跑越快，对手一个一个被他甩掉，在离终点不远处，他终于超过了勒米西奥。

在人们的欢呼声中，鲁伊斯第一个到达终点，以 2 小时 58 分 50 秒的成绩获得世界上第一个马拉松长跑的冠军。乔治一世国王站在终点迎接他，就像迎接凯旋的英雄一样。这时运动场外响起了礼炮声，运动场内爆发出狂热的欢呼声，人们把冠军抛向空中，无数观众把黄金首饰、大把大把的钱币塞到他的手里。王储康斯坦丁和他的兄弟把冠军迎到国王席上，国王再次拥抱了鲁伊斯——他是第一个受到最高礼遇的现代奥运选手。

扑面而来的荣誉并未使憨厚的鲁伊斯飘飘然，他说道："我所做的，既不是为了荣誉，也不是为了金钱，而是为了希腊，我的祖国。"最后，当国王反复问他有什么要求时，他想了想，回答道："有的，一辆马车一匹马，这样，我就不必老跟着骡子跑了。"

没见过铁饼的铁饼冠军

古希腊雕塑家米隆的不朽名作《掷铁饼者》中铁饼运动员的风姿，希腊民族为之自豪。铁饼比赛项目是希腊人的传统项目和优势，掷铁饼比赛是他们心中的重头戏。在现代奥林匹克运动会比赛的第一天，希腊便安排了他们认为最稳拿冠军的民族传统项目铁饼比赛。希腊为了拿到这个冠军，把著名选手集中起来训练了好几个月，甚至还准备好了夺得冠军后的庆祝活动。比赛场地沿用古希腊的传统，投掷区是 2.5 米的正方形，铁饼的重量约 4 磅。

罗伯特·加勒特是美国普林斯顿大学的学生和田径队队长，在第一届奥运会之前，他只见过古希腊雕塑家米隆所作的《掷铁饼者》雕塑的照片，根本没见过铁饼是什么样子。当他得知第一届奥运会将要在雅典举行，并且设有铁饼比赛项目的时候，对此产生了浓厚的兴趣。他曾四处打听哪里有铁饼和如何掷铁饼的方法，结果毫无结果。罗伯特·加勒特只能请人照着《掷铁饼者》雕塑里的铁饼的模样仿造了一个 5 公斤重的铁饼（比比赛用的铁饼重了一倍多），并根据塑像的姿势进行训练，还专门研究了古代奥运会的相关文章，按照资料再自己琢磨。结果

铁饼比赛

他发现仿造的铁饼非常笨重，难以投掷，他放弃了参加铁饼比赛的念头。

第一届奥运会开始以后，罗伯特·加勒特为美国代表团的一员，准备参加铅球项目的比赛。铅球比赛前一天是铁饼比赛，这天早上他偶然看见一位希腊选手在练习掷铁饼，于是他照着希腊人的姿势试着投了一下，结果发现铁饼比他自己仿造的铁饼轻便得多，而且感觉十分顺手。当时的奥运会比赛规则并不完善，临时报名就可以参赛，加勒特赶紧找到了顾拜旦要求参加掷铁饼比赛，得到了顾拜旦的同意和鼓励。

比赛开始，骄傲的希腊人投掷姿势标准而优美，成绩遥遥领先，帕拉斯瓦普罗斯甚至把铁饼扔到了 29 米的地方，希腊人认为铁饼这个项目的冠军已经非他们莫属。最后，加勒特模仿希腊人的姿势奋力一投，出人意料地投到了 29 米以外，比帕拉斯瓦普罗斯的成绩多了 15 厘米，从希腊人手中抢走了冠军，场上观众、裁判无不为之惊叹。帕拉斯瓦普罗斯只能屈居第二。此后，加勒特又在铅球比赛中获得了冠军，还获得了跳远和跳高的第二名，成为首届奥运会获得奖牌最多的田径选手。加

勒特后来还在 1900 年第 2 届奥运会上获得投铅球和立定三级跳远的铜牌。

朗诵为英国拿到第一枚金牌

古代希腊对诗人特别尊重，第一届奥运会虽然是体育比赛，但希腊人认为，体育与诗歌是不可分的，所以也设了诗歌朗诵比赛。

英国牛津大学学生乔治·罗伯特偶尔从商店橱窗广告栏里看到了奥运会的消息。当时乔治在英国是链球冠军，已经有一些名气了，他就乘船到了希腊，准备一显身手。可是，到了希腊才知道当时奥运会并没有设链球这个项目。他只好改报铅球和射击，结果都没有得到理想的成绩。

正想打回票的时候，罗伯特听说奥运会还有诗歌朗诵比赛。这个大力士武运不昌，想试试文的。比赛中，他抑扬顿挫、舒缓有致的声音，打动了所有听众，得了第一名，为英国赢得了第一枚奥运会金牌。

第2届 1900 年巴黎奥运会

误奏国歌， 错升国旗

每一个运动员都梦想着有一天自己能骄傲地站在奥林匹克冠军领奖台上，胸前挂着金灿灿的金牌，看着自己国家鲜艳的国旗在庄严的国歌声中冉冉升起，喉头哽咽，热泪盈眶……

这一美好的梦想就要在匈牙利运动员雷·鲍埃尔的身上实现了。在1900 年巴黎奥运会上，鲍埃尔以 36.04 米荣获了铁饼冠军，登上了梦寐以求的领奖台。平时鲍埃尔算不上一个感情冲动的人，可在此关键时刻场上竟出人意料地升起了美国星条旗，响起了《向主欢呼》的旋律。强烈的爱国自尊心激起了鲍埃尔的勃然大怒，他从领奖台上跳下来同法国官员们大吵起来。他坚持在升旗处备好匈牙利国旗之前，拒绝回到领奖台上去。终于，匈牙利国旗挂好了，乐队也领到了新的乐谱，鲍埃尔才再一次神采奕奕地登上了冠军台。

然而，真是让人扫兴，当匈牙利国旗正从旗杆上冉冉升起时，乐队却又一次大煞风景地奏响了奥地利国歌……

全场又一次为之哗然，鲍埃尔再也不能容忍这种阴差阳错的奇耻大辱了，他二话没说，跳下领奖台，立即启程，愤然离开了巴黎。

指错路的警察自杀

第 2 届奥运会的马拉松比赛安排在 1900 年 7 月 19 日，路程全长为 40 公里 260 米。当天，法国巴黎的居民同上一届奥运会的希腊人一样，纷纷走上街头，目睹运动员们赛跑的英姿，气氛十分热烈。这次马拉松的起点是跑马场的跑道，进入巴黎市中心以后，再回到起点。赛前，外国选手曾经沿着比赛路线去熟悉沿线路程，可是到了比赛当天，大会组织者突然改变了行进路线，使得许多选手迷了路，不禁叫苦连天。

5 个国家共 19 名选手参加了这次的马拉松比赛。62 号运动员法国选手米歇尔·泰阿托，当年 23 岁，是巴黎的一个送面包工人，工作中早已跑遍了全巴黎，巴黎的大街小巷是他再熟悉不过的地方了，比赛中他在各路段合理分配体力，最后以 2 小时 59 分 45 秒的成绩获得了冠军。法国选手埃米尔·尚皮翁第二个到达，获得了亚军。

外国选手的运气就不那么好了，由于不熟悉路线，不少人都跑了冤枉路。美国运动员阿·牛顿声称，从起点开始他就一直跑在最前面，特别是到了后半程，他甚至没看见任何人超过他，但到达终点后却莫名其妙的成了第 6 名。名次最好的外国选手是来自瑞典的伊斯特·法斯，只有 19 岁，获得了第三名。法斯晚了第 2 名许多才跑进终点。据他自己说，途中一位警察也不知是糊涂还是"爱国"，给他指错了方向，害得他跑了许多的冤枉路才向终点跑去。这位警察的行为究竟是有意还是无意不得而知，但是这位警察在赛后十分内疚，竟开枪自杀了。

抓个小孩充冠军

巴黎奥运会的赛艇比赛是在风景如画的塞纳河上进行的，从比诺大桥直到阿斯尼雷，距离共 1750 米。整个比赛预赛、决赛只有两天时间，有的选手报名参加两项比赛，会遇到两个项目同时进行的麻烦。

荷兰人赫尔马斯·布罗克曼博士是双人有舵手比赛的舵手，但是决赛那天他还要参加八人艇赛，分身乏术。情急之下，他心生怪招：从身边的观众中抓一个小孩，问他愿不愿意到赛艇上玩一玩，代替他参加双人有舵手的比赛。这个看热闹的小孩子只有七岁，也不知天高地厚，一想这挺有趣，就痛痛快快答应了。

谁也没想到，荷兰队获得了双人有舵手比赛的冠军，而布罗克曼博士自己参加的八人艇赛只拿了铜牌。可是，布罗克曼博士再也没有找到那个小孩，因为小孩没有留下自己的名字，后来也没有人主动承认自己就是参加比赛的那个小孩。或许那个小孩真是把比赛仅仅作为玩耍了，并不知道自己参加的是奥运会，但他无疑是奥运会史上最年轻的冠军。

遭到背叛的天才运动员

在早期的奥运会上，人们获胜的愿望虽然不很强烈，但失败者并不是都能与胜利者友好地握手言欢。在 1900 年巴黎奥运会上，两名美国跳远运动员之间的竞争是如此激烈，以至于大打出手，互相指控对方背叛。

受伤害的运动员名叫麦尔·普里斯顿（Myer Prinstein）。1878 年他出生于一个波兰籍俄国犹太人家庭，5 岁时随家人从波兰移民到纽约。他的体育成绩和学习成绩都很优秀，参加过各种田径比赛项目，如跳远、短跑、跳高和撑竿跳。普里斯顿身高仅 5 英尺 7.75 英寸，虽然不是叙拉古大学篮球队的理想候选人，但是他结实的肩膀、旺盛的斗志弥补了他身高的不足。他的特长项目是三级跳和跳远，而且人们对他在大赛中取得好成绩寄予厚望。

1898 年，他还是大一的学生，练习跳远仅仅两年时间，就在纽约一次大赛中获得冠军。1898 年 6 月，他在纽约体育俱乐部比赛中以 23 英尺 9 英寸（7.24 米）的优异成绩创造了一项新的跳远世界纪录。他的劲敌是来自宾夕法尼亚大学、比他年长两岁的阿尔文·克拉泽兰（Alvin Kraenzlein）。两人的跳远风格不同，纽约体育记者麦尔肯·福特（Malcolm Ford）这样描写普里斯顿："他没有克拉泽兰那么快的起跳速度，但他跳得高，身姿优美，他优美非凡的动作给人的印象是他知道自己在做什么。""1899 年克拉泽兰创造了 24 英尺 4.5 英寸（7.43 米）的世界纪录。第二年普里斯顿在费城举行的运动会中刷新了这一纪录，他的成绩是 24 英尺 5.5 英寸（7.50 米）。对于这一成绩，克拉泽兰借口说自己得了疟疾，身体正处于恢复阶段。因此两人之间决一雌雄的战斗推迟到巴黎奥运会。首先的问题是如何到达欧洲。普里斯顿支付不起横跨大西洋的船票钱，他和 3 名队友接受了一名慷慨的石油大亨的帮助，免费乘坐他的油轮去巴黎。航程中的生活并不奢侈，但至少他可以在船上训练。按规定，奥运会跳远预赛安排在 7 月 14 日——法国国庆日——普里斯顿跳了 23 英尺 6.5 英寸（7.17 米），处于领先地位。因为叙拉古大学和一些附属于卫理公会教徒的大学禁止学生在基督教的安息日参赛，他们只能祈求法国当局不要在周日安排赛事，但最终，跳远决赛被安排在安息日——7 月 15 日。这一消息使叙拉古大学代表团很吃惊。他们努力劝说法国人改变主意终而未果，美国运动员达成了一个君子协议：全体不参加周日的比赛。虽然普里斯顿是犹太教徒，周日不是他的安息日，但普里斯顿同意这一协议并缺席了周日的比赛，他觉得克拉泽兰也乐意退出。

但克拉泽兰却出现在决赛场上。由于没有对手，6 次试跳后，他以1/4 英寸之差赢得了比赛。组织者十分同情普里斯顿的尴尬处境，虽然他没有参加决赛，仍然根据他在预赛中的成绩宣布他获得第二名。

对于一个认为被同胞出卖了的人来说，这是微不足道的安慰。周一，狂怒的普里斯顿相信自己被欺骗和背叛而失去了跳远冠军，他向克拉泽兰提出重新比赛，但遭到拒绝。据报道，当时普里斯顿一拳打在克拉泽兰脸上。作为合格的牙科医生，克拉泽兰应该知道如何收拾残局。

第二天，普里斯顿化悲痛为力量，一举赢得了奥运会三级跳远冠军，成绩为 47 英尺 5.75 英寸（14.47 米），打败了占优势的上届冠军詹姆斯·B·康纳利（JamesB. Connelly）。但他永远不能饶恕克拉泽兰。《体育奇才百科全书》中这样写道："这是早期奥运会田径史上广泛流传的故事。"普里斯顿感到更不公平的是克拉泽兰被称为巴黎奥运会英雄。在仅仅两天的时间内，有争议的跳远第一名克拉泽兰获得了第四块金牌（其他三块金牌是 60 米短跑、110 米栏和 200 米栏）。他在一届奥运会上连获四项田径金牌的纪录至今无人打破。

为防止发生进一步的流血事件，克拉泽兰退出了比赛。1904 年奥运会，普里斯顿在没有对手的情况下，获得了跳远、三级跳远两项冠军。他的 24 英尺 1 英寸（7.34 米）的成绩足以使 4 年前有争议的克拉泽兰的奥运会纪录黯然失色。在 1906 年的雅典临时奥运会上，羽翼丰满的律师普里斯顿再次获得跳远冠军，但后来被宣布其成绩是非正式的。

1925 年，普里斯顿死于心脏病，终年 45 岁。叙拉古大学的讣告把他描写成"叙拉古大学最优秀的运动员之一"。他的成绩被载入国际著名犹太人体育史册，对他来说，虽然他被同胞的不义行为剥夺了一块金牌，但是他的奥运会纪录是他天赋的纪念碑。

第一支娘子军

现代奥运会的初创时期，国际奥委会的一些委员们抱着古奥运会的传统不放，认为"女人参加奥运会，使古希腊奥林匹克精神暗淡"！第

1 届现代奥运会仍无妇女的踪影。

在进入 20 世纪的头一年，关于女子能否参加奥运会比赛，国际奥委会还在喋喋不休地争论。

法国人率先打破 2000 年来对妇女的禁锢，1900 年巴黎奥运会上，首先让 6 名女子网球运动员向世界博览会筹备委员会体育部报名，参加女子单打和混合双打比赛。英、美和波希米亚（捷克）闻讯后，也各派 6 名选手参加了网球和高尔夫球角逐。这就是现代奥运会上出现的第一支娘子军。由于国际奥委会对巴黎奥运会已失去

法国网球队员

控制，因而此举未得到国际奥委会的认可，但却开创了女子走向世界体坛的先河。英国选手夏洛特·库珀虽然穿着长裙，但她步伐灵活，球速很快，以 6 比 1，6 比 4 击败法国选手普利沃斯，获女子网球单打冠军头衔。之后，她与同胞雷金纳德合作，取得了男女混合双打冠军，成为世界上第一个获得奥运会冠军头衔的妇女。美国选手艾博特也获得高尔夫冠军头衔，成为美国奥运史上第一个女子冠军。

由于当时女子项目还没有正式列入奥运会比赛项目，因此只能称为奥运会头衔，而不计入金牌总数。

让人哭笑不得的奥运纪录

巴黎奥运会自行车比赛只有 2000 米争先赛一个项目。6 个国家的 26 名选手，从 1900 年 9 月 11 日至 13 日进行几轮比赛，最后法国选手乔·塔扬迪埃以 2 分 52 秒夺得冠军。可是，谁是第 2 名呢？始终没有

答案。

　　1965 年，奥林匹克委员会借助于费伦茨·梅泽博士收集了巴黎奥运会比赛结果的著作，试图搞清当年巴黎奥运会的获奖者中谁还健在。结果发现有位叫瓦色罗的老人，被认为是当时自行车 2000 米比赛的亚军。人们找到他说，他在巴黎奥运会上夺得自行车比赛亚军，老人喜出望外，以为从此可以名垂奥运会史册了。

　　这位上了年纪的运动员——他已年届 90 岁了，好不容易回忆起，他的确于 1900 年在巴黎万塞纳森林公园参加过自行车赛，但当时没有人告诉他是在参加奥运会。瓦色罗老人被补授银牌。1968 年老人逝世，事情又有变化，结论被推翻。原来，瓦色罗在半决赛中就败给美国选手莱克而被淘汰。莱克得的是第 3 名，瓦色罗根本不可能获得银牌。

　　以上这些说明，当时奥运会由于比赛组织混乱，资料记载不全，因而造成不少令人哭笑不得的事情。

铁饼掷在树杈上

　　奥运史上没有任何一届有如此众多的笑话和轶事。1900 年巴黎奥运会组织工作不力、松散及宣传工作之差，已到了令人难以容忍的地步。神情忧伤的顾拜旦，经常骑着三轮摩托车往各个赛场观看比赛。但种种怪事还在这位奥运会主席的眼皮底下发生。

　　巴黎奥运会的比赛地点分散，场地设施十分简陋。不知谁出的点子，奥运会的投掷比赛居然鬼使神差地被安排在一所公园的密林里进行。赛场的中央长着一棵参天大树，这棵树枝叶繁茂，密密匝匝，遮天蔽日。结果，这项角逐力量的项目变成了比运气的项目。上届奥运会的铁饼冠军美国的罗伯特·加勒特非常不幸，他掷出的铁饼像长了眼睛一样，全都撞到了树杈上。"啊呀！太倒霉啦，怎么我的铁饼非得往树杈上撞呢？"加勒特大声嚷嚷，抱怨起这个十分差劲的赛场来。无奈，他成绩平平，难见江东父老了。两名欧洲选手运气非常好，铁饼躲过了枝枝丫丫，取得了优异的成绩。匈牙利选手鲁·包埃尔以 36.06 米的成绩夺得了冠军。波希米亚的弗·扬达·苏克则以 35.25 米的成绩夺得了银牌。

搞笑的比赛

由于主办方的心不在焉，巴黎奥运会许多比赛都弄得很搞笑：游泳比赛在塞纳河湍急的河道里举行，而且是顺流而下，结果比赛的时间都相当的短。使得整个比赛像一场刺激冒险的漂流。此外还有一场令人捧腹的障碍游泳赛，要求是：选手必须爬上一根杆子，再爬过一排船，然后到另一排船下面去游泳。田径赛则在巴黎市区一个林场里举行，那里原是赛马俱乐部的跑马场。跳跃比赛，需选手自己动手挖掘沙坑；400 米跨栏比赛的栏杆是 30 英尺长的电话杆，或者用树枝架起来凑合；参加投掷比赛的选手更是哭笑不得，器械经常碰到树木的枝杈，有时掷出的链球缠绕其上，还得爬到树上取下后再进行比赛。在第一届奥运会上最受瞩目的马拉松比赛，本届则是在 38.9℃ 高温下进行的，13 名选手参加比赛，结果只有 7 个人跑完了全程。法国选手，一个叫米歇尔·希托的送货工取得了冠军。他获胜的原因是最有希望夺冠的瑞典人厄恩斯特·法斯特在距终点还有 3 英里的时候拐错了弯儿，结果倒霉的法斯特只得了个第三名。

第3届 1904年圣路易斯奥运会

从冒牌冠军到正牌冠军

第三届奥运会的马拉松比赛中，出现了现代奥运史上第一个冒牌冠军。

这届奥运会的马拉松比赛全程是40公里，美国选手弗雷德·洛茨在比赛开始时一直处于领先地位，但当他跑完12公里后，便两腿抽筋，只得放弃比赛，搭车回运动场。当汽车行驶了17公里后，他感到体力有所恢复，又下车继续跑，但是他并没有从头再来，而是直奔体育场。

全场所有观众对他报以热烈的掌声，以为他就是冠军。当时美国总统的女儿还授予他一枚奖牌。但不一会儿，跑在洛茨后面的另一位美国选手进入会场，这才揭穿了洛茨的骗局。最后洛茨被取消资格，并受到美国代表团除名以及终身不得参加美国奥运代表团的处罚。

第二年，美国田联解除了洛茨的处罚禁令。洛茨在1905年波士顿马拉松比赛中凭自己的真本事，光明正大地获得了一次冠军。

一枚金牌和四个苹果

1904年，第三届现代奥运会即将在美国的圣·路易斯开幕。这是在美洲大陆举办的首次现代奥运会。消息传到美国，不仅美国人自己欢呼雀跃，连整个美洲大陆都为之欢欣鼓舞。因为在此之前，从来没有人想到，奥运的火炬会燃烧到这片土地上来。当然，美国人为这次奥运会的召开，马上行动起来，积极地进行全面的准备。

当这种准备工作进行的如火如荼的时候。处于北美南端的古巴首都哈瓦那郊区的一个小村庄里，有一个年轻人为此也做着暗暗的努力。这位年轻人名字叫费利克斯·卡哈尔，他决心不放过这次在"家门口"举办的奥运盛会。决心已下，但是还有许多问题需要他进一步解决。首先的问题是，奥运会的比赛项目很多，自己究竟要参加哪一项比赛。他为此咨询了很多人，可是人们都说不清奥运会设立了哪些比赛项目，更别说能够给他提出切实可行的建议了。有一天，卡哈尔在跟人们闲聊的时候听人说起马拉松比赛，这是一项古老的赛事，自从有奥运会以来，这个项目都是必有的。卡哈尔听到这个消息，眼睛一亮。长跑，对，就是长跑，这是我最擅长的。何不在这个项目上一试身手呢？卡哈尔作出这样的决定是有原因的。卡哈尔是哈瓦那邮局的一名投递员，专门为邮寄人投递信件和包裹。不过，跟其他的投递员不同，卡哈尔做了多年的投递工作，在投递工作中却从来不借助任何的交通工具。不论投递的路程有多远，他都靠跑步方式完成。这种长期的远距离负重"训练"，让他练就了一双铁腿。使得卡哈尔具备了常人难以比拟的的耐力和速度。

然而，对卡哈尔来说，仅仅具备这些条件还是远远不够的。其中最让他感到为难的是缺少奔赴奥运赛场的路费。算起来这可是一笔不算小的数目。当然，这并没有难倒这个一心参加奥运会的古巴小伙子。从那时开始，每天清晨在首都哈瓦那的广场上，人们都会见到一个年轻人在绕场奔跑。起初，人们还没有过多注意到他。但是，这个小伙子风雨无

古巴费利克斯·卡哈尔

阻，每天天不亮就准时出现在广场上，而且跑起来就不停，从早到晚，几乎是不眠不休地奔跑、奔跑。逐渐越来越多的人被这个小伙子怪异的举动吸引了。经过打听才知道，哦，原来他是为了参加奥运会而募集路费，他的名字叫费利克斯·卡哈尔。消息一传十，十传百，人们被这个锲而不舍的小伙子感动了，纷纷解囊相助。很快，卡哈尔就凑足了钱。

终于，卡哈尔站在了奥运会马拉松比赛的起跑线上。卡哈尔第一次参加奥运会马拉松比赛，对这项赛事的比赛规则不是很熟悉，他的目标只有一个，那就是 42.195 千米处的终点。当卡哈尔站在起跑线上时，这个风尘仆仆的年轻人也吸引了不少人的注意。因为，卡哈尔身上依旧是从家乡出发时的一身装束，长袖衬衫、长筒裤，更令人发笑的是他的脚上竟然是一双笨重的大皮靴。这怎么可以参加比赛呢。热心的人们灵机一动，马上拿来剪刀，把衬衫的袖子裁短，把长裤的裤筒剪掉，又把他脚上的大皮靴扒下来扔在一边，给他换上轻便些的跑鞋。经过这样一番"减重"，卡哈尔更具有十足的信心啦。随着比赛的枪声响过，卡哈尔一马当先，冲在了比赛队伍的最前面。很快的，经过一段路程下来，他把很多对手都远远的甩在了后面。当他回过头去看时，身后竟然没有一个对手跟上来。卡哈尔心中万分得意，同时，观看比赛的人们也发现了这个跑得轻快的古巴小伙子，把夺冠的期望投注他的身上。可是就在这个时候，意外发生了。卡哈尔孤军作战，沿途既没有亲友团助阵，更没有人主动为他补给饮用水。卡哈尔越跑越累，口渴难耐，嗓子里像有一团火在烧。正当他口渴难忍的时候，前面要经过一座没有围墙的苹果园。卡哈尔大喜过望，一头扎进苹果园，从树上拽下一个苹果大嚼起来，吃完一个不过瘾，又摘一个吃起来。此时的他，完全沉浸在香甜多汁的苹果里，似乎完全忘记了正在比赛。卡哈尔一口气吞下了四个苹果，才又匆匆继续未完的赛程。就在他大嚼苹果的当口，原来被他抛在后面的三名选手一一赶上来并超过了他，卡哈尔紧追不舍。无奈剩下的赛程已经很少了，尽管他使出了全身的气力，最终只得到了第四名的成绩。比赛结束以后，卡哈尔后悔不迭。本来，照他的实力，这届奥运会马拉松比赛的冠军非他莫属，可是四个苹果让他失去了金牌。

清朝要员观看了奥运会

雅典、巴黎两届奥运会之后，国际奥委会顾拜旦等人从实现奥林匹克运动国际化的理想考虑，有意在美洲大陆的美国举办一届奥运会。

第3届奥运会会址原来定在美国芝加哥城，但圣路易斯将在1904年举办世界博览会，于是世博会的体育委员、美国业余体协主席苏里曼提出异议，要求把会址设在圣路易斯。为此双方争执不下，最后由美国总统西奥多·罗斯福拍板决定，奥运会与世博会同时放在圣路易斯举行。

1902年，国际奥委会再次讨论会址时，尊重罗斯福总统的意见，决定由圣路易斯举办第3届奥运会。这样，又重蹈了巴黎奥运会的覆辙，奥运会与世博会同时同地举行，比赛从1904年7月1日，一直进行到11月23日，成为奥运史上又一次旷日持久的马拉松式的运动会。

当年，虽然中国清朝政府不明白什么是奥运会，但还是派出溥仪皇帝的同辈族弟——溥伦，带着一大批官员前往圣路易斯，参加了世博会。

据《光绪癸卯（29年）政艺丛书－外政通纪卷》记载，当时清朝外务部奏请简派美国博览会专使

溥 伦

大臣折云："奏为美国散鲁伊斯城举行赛会，请旨简派正监督届时前往，暨由臣部酌派副监督先期布置赴会事宜，恭折仰祈。圣鉴事窃查美国将于公历一千九百零四年，即中国光绪三十年在散鲁伊斯城开设美国博览会。此会因纪念美国由法人购得鲁西亚那地方已及百年，设会庆贺。系美国立国以来极为重大之事。"于是，中国代表团在溥伦的率领下，穿

着清朝官服，带着极具中国特色的家具和琳琅满目的展品，参加了圣路易斯世博会，引起许多西方人的注意。

据美国半官方的报道披露："所有在博览会上进行的体育比赛和表演，都必须用'奥林匹克'的名义，并在它的旗帜下举行。"所以说，清朝的溥伦，是第一个目击现代奥运会的中国官员。

第一位黑人选手——波格

黑色闪电欧文思，传奇小子刘易斯……这些著名的黑人运动员用自己卓越的表现，在现代奥运会上留下了许多辉煌。可现代奥运会初创期间，种族歧视让很多有色人种遭到了极为不公平的待遇。

圣路易斯奥运会的组织者在比赛一开始就禁止有色人种特别是黑人参赛。两天之后，迫于舆论压力不得不取消原来的规定。但是他们宣称，"这些低等民族"不可能战胜白人。

8月29日，这是石破惊天、具有奥运会历史里程碑式的一天。美国有位黑人选手——来自威斯康星大学的乔治·波格，站到了400米起跑线上。他赛前已是美国大学生400米纪录的创造者。由于出发时受到不公平的待遇，把他排到白人选手的背后的外道上，他只得了第6名。

波格天生具有羚羊般的奔跑及猎豹般的速度，他在400米跑比赛中虽然只得第6名，但他没有气馁，他还要参加400米栏与200米栏的比赛，没有想到，波格不畏强手，风卷残云，连夺2枚铜牌。证明了自己的实力。

第 4 届 1908 年伦敦奥运会

争议最多的奥运会

伦敦奥运会是一场争议最多的比赛。

在比赛开始前，爱尔兰运动员被命令代表英国而不是他们自己的国家，他们提出抗议，退出比赛。在开幕式上，当时在俄国统治下的芬兰拒绝举俄国的国旗，选择了不举任何旗帜行进。另外，英美之间也存在着敌意。当美国代表团注意到装点伦敦白城体育场的一排国旗中的美国国旗不见了时，敌意产生了。在正式行进时，美国旗手铁饼运动员拉夫·罗斯（Ralph Rose）直率地拒绝像其他国家一样把星条旗斜向英国皇室坐席一边，这一行为被视为怠慢皇室，但是他不想修复关系。他著名而简短的话语是："星条旗不向尘世的国王低头。"因此，英国人决心与来自大西洋彼岸的参赛者决一雌雄。

第一次冲突发生在拔河比赛的第一回合：美国队对阵来自利物浦警察局的英国队。美国人在不到几秒钟内就被打败了，震惊的美国人抱怨英国警察使用了不合法的靴子。这些靴子上安装了能获得更大抓力的长钉子和鞋跟。利物浦人坚持说他们穿的是一般的靴子，美国人的抗议被驳回，他们退出了剩余的比赛。最后利物浦人输给了伦敦警察局队，取得了第二名。伦敦队队长试图挑战美国，提议双方只穿长筒袜进行友谊赛，但没有得到回应。

英国人除了用上述恶毒手段对付美国人外，在同胞之间也制造了不少争端。小口径步枪卧射项目的规则是每国限制 12 人参赛。英国队员乔治·巴恩斯（George Barnes）的报名表格丢失了，候补队员菲利普·普雷特（Philip Plater）顶替他参赛。后来，巴恩斯的表格又找到了。因为美国队的报名期限延期了，所以英国队报名也延期了。巴恩斯被重新批准加入到英国队中，但没有人告诉普雷特退出。最后，英国队共 13 人参赛，这是个不吉利的数字。

比赛接近尾声时，一片混乱。英国队的教练没有点清已射击过的队员人数，却认为只有 11 人射过了，就让普雷特上场，要求他在不到半小时内完成所有的动作。普雷特的状态极佳，他在垫子上飞掠而过，在有限的时间里完成了 80 组射击动作。在 40 组 50 码的射击中，他只丢了 5 分；在 100 码的射击中，他只丢了 4 分。普雷特被宣布为奥运冠军，创造了 391 分的世界纪录。

直到这时，装模作样的英国人才意识到在普雷特射击前，已有 12 名正式队员射击过了。争议由此产生，他们考虑是把普雷特还是巴恩斯的成绩从记录中擦掉。几天后，他们郑重宣布巴恩斯是正式参赛者，普雷特的成绩不予承认，普雷特因此失去了金牌。他的同胞亚瑟·卡耐尔（Arthur Carnell）的成绩比倒霉的他少 4 分，以 387 分的成绩夺冠。英国奥委会颁发给普雷特一块特制的金牌和一个成绩证书作为小小的安慰。他的成绩被从奥运会纪录中抹去，他成了无冕冠军。

火山爆发使罗马痛失举办权

前两届运动会都沦为了万国博览会的陪衬，十分令人失望。为了重振奥林匹克运动的传统与庄严，国际奥委会决定让有悠久历史与文化积淀的古罗马来承办 1908 年的奥运会，以消除人们对现代奥林匹克运动究竟还能走多远的怀疑。

然而遗憾的是，意大利维苏威火山的爆发造成了巨大的经济损失，迫使罗马放弃了举办权。在这危难的时刻，英国伦敦地区主动申请举办奥运会，并在不到两年的时间里完成了一切准备工作。英国作为现代体育的发源地，为奥运会的成功举行提供了良好的体育设施。建在伦敦西郊，并能容纳近 7 万观众的白城体育场很快落成。同时，还建造了泳道长为 100 米的游泳池，从而结束了在自然水域里进行水上比赛的历史。

参加伦敦奥运会的国家达到了 22 个，参赛人数 2034 人，比起前三届加起来的总和还多。因为增加了冬季项目，本届奥运会拖的时间比较长。女子项目第一次被合法列入。开幕式于 7 月 13 日在雨中进行，英国王储和国际奥委会的官员出席了大会。入场仪式也是在

伦敦奥运会

这一届首次进行，各国运动员身着统一服装，在各国国旗的引导下进场。

在奖牌的争夺中，作为东道主的英国以绝对的优势夺取了金牌和奖牌的第一名。由于此届大会的裁判全部由英国人担任，不公平的裁决时有发生。于是从下一届起，裁判由各国共同来执行。尽管如此，伦敦奥运会已经初具规模，并在危难之际拯救了奥林匹克，它的圆满举行为奥林匹克运动的发展做出了重大的贡献。

一个人参加的决赛

1908 年 7 月 23 日，第 4 届奥运会田径比赛，在英国伦敦"白城"体育场点起烽烟。

由于美国队在 100 米和 200 米比赛中纷纷落马，便虎视眈眈地盯住

400 米这块金牌。

哈尔斯韦尔

参加 400 米决赛的有 4 人：美国哈佛大学的罗宾斯、康乃尔大学的卡彭特、美籍爱尔兰后裔泰洛，英国的哈尔斯韦尔。

26 岁的苏格兰人哈尔斯韦尔出生于伦敦，他的速度是在布尔战争中发现的。在南非，他服役于苏格兰高地步兵团，他给专业运动员吉米·库恩留下了深刻的印象。战争结束之后，步兵团返回了爱丁堡，库恩劝他从事田径运动。在库恩的指导下，哈尔斯韦尔突飞猛进，在 1906 年举办的雅典运动会上，获得 400 米赛跑的银牌、800 米赛跑的铜牌。

从复赛的成绩来看，美国人惟一的劲敌是苏格兰的哈尔斯韦尔，他的复赛成绩是 48 秒 4，奥运会新纪录。另外 3 个复赛组的第 1 名均是美国选手，成绩都在 49 秒之外。

赛前，3 名美国人商量：不让英国佬夺金！他们安排的战术：卡彭特全力跑在前头，罗宾斯与泰洛设法阻挡哈尔斯韦尔。对于这个阴谋，哈尔斯韦尔当然蒙在鼓里，全然不知。

当时的 400 米赛跑实际上是 400 码赛跑，而不是现在十进制的 400 米。在决赛前，英国裁判担心 3 名美国人联合起来对付哈尔斯韦尔，他们害怕美国人使用被委婉地描写为"团队策略"的那些方法来确保金牌，而不惜以牺牲一个优秀运动员为代价。不用跑道的赛跑更加剧了英国人的恐惧，因此，为了防止犯规，沿跑道每 20 码站一位裁判。另外，发令员警告决赛的 4 名选手不要拥挤。

许多英国人聚集在体育场，企盼着英国人获胜。

决赛开始时：美国的卡彭特一马当先，一阵风般向前刮去，当哈尔斯韦尔试图追上罗宾斯时，这两名美国人迅速合拢，并成一排，一再向外猛挤哈尔斯韦尔，尽管如此，哈尔斯韦尔还是从外边超过了罗宾斯，并开始奋力追赶卡彭特。卡彭特看见哈尔斯韦尔追上来，一个劲儿地用力向外挤。当哈尔斯韦尔似乎要超过去时，卡彭特先用肘部用力顶他。当坚强的哈尔斯韦尔排除干扰，超过去时，卡彭特什么也不顾了，他一把抓住了哈尔斯韦尔的短裤，引起场上观众一片嘘声……哈尔斯韦尔遭此无理攻击，心灰意懒，便戛然"刹车"。在卡彭特冲线前，一个英国裁判进行干涉并命令解开终点的线。在混乱中，提出抗议泰洛被裁判从跑道上拽下来。人们用 30 分钟才把跑道清理干净，又用 30 分钟决定"停止比赛"。

1908 年的奥运会是最后一届由东道主担任裁判的奥运会。美国人蓄意犯规，当然逃不过严密监督场地的"法官"慧眼，因此，卡彭特被取消比赛资格，"法官"们宣布比赛无效。其他 3 人重新比赛。这次用绳子分开各人跑道，以避免不愉快事情再次发生。

美国人提出强烈的抗议，英国人的裁决不可改变：本次比赛无效。

7 月 25 日，400 米决赛开始了，然而跑道上并没有产生你追我赶，奋力拼搏的激烈场面。由于卡彭特被取消资格，美国的另两名选手罗宾斯与泰洛弃权罢赛。结果，场面上只有哈尔斯韦尔孤零零地进行比赛，他毫不费力地用 50 秒跑完了 400 米，终于获得金牌。

英国人虽然冠冕堂皇地拿走了这枚金牌，但这一旷世奇闻促进国际奥委会对裁判工作进行改革，规定今后裁判改由国际单项体育组织统一策划；为避免今后再发生这种丑剧，国际田联于 1912 年成立之初，就作出了 400 米跑要分开跑道的规定。

哈尔斯韦尔遭到此次不愉快的打击，极为郁闷，他放弃了体育生涯，返回了步兵团。

1915 年 3 月 31 日，在第一次世界大战中，在法国服役的 400 米奥运会冠军哈尔斯韦尔，被德国狙击手打死。

皮特里的勇气

英国大主教彼得曾说过一句流传至今的话："奥运会的参与比取胜更重要。"这句话称赞的主角，便是第4届伦敦奥运会上来自意大利的马拉松选手多兰多·皮特里。

伦敦奥运会的马拉松比赛是从伦敦郊外的温莎宫出发。当天，天气非常炎热。前20英里，来自南非的运动员查尔斯·赫弗森一直领先，但因体力消耗太大，跑了35公里后突然倒下，被意大利卡布里多的糖果商多兰多·皮特里和美国选手约翰·海斯超过。

之后，身材瘦小的皮特里一直加速前行，虽然他第一个进入体育场，但这时他已经体力严重透支，晕头转向的皮特里甚至跑错了方向。当他被一位官员扭身过来，回归正确方向时，人已经是气力耗尽，摇摇晃晃了，现场的观众见状既兴奋又紧张。离终点还有70米的皮特里筋疲力尽，摔到在地，可过了几秒他又站了起来，没走几步又摔倒在地，就这样先后四次倒下，引起观众的一阵阵狂呼。最后，美国的海斯跑进了体育场，在旁边看得心急火燎的一个裁判和一个记者终于忍耐不住，冲上前去扶起皮特里，把他扶送着跨过了终点线。观众激动万分，但是按照比赛规定，皮特里被取消了成绩，美国的海耶斯夺取了马拉松冠军。

当皮特里在医院里得知他因为靠人帮助跑完全程而被取消成绩时，悲痛不已。但是，皮特里的勇气得到了现场观众的赞赏。为了弥补好心的英国人给皮特里带来的心灵创伤，在场亲眼目睹了全过程的英国国王授予了他一个特殊的金杯。从此，"奥运会的参与比取胜更重要"成了奥林匹克的格言和信念。

第5届 1912年斯德哥尔摩奥运会

寻找失踪者

马拉松比赛好像一直都很热闹，第五届奥运会也是。本届马拉松有68名选手参加。其中南非人异军突起，对强大的美国军团构成了威胁，他们是克里斯丁·盖茨汉姆和肯尼士·麦克阿瑟。尤其是麦克阿瑟，他曾在爱尔兰当过邮递员，为送信他每天要跑15英里，从而锻炼了他奔跑的能力。后来他移居到南非，当了警察，他能使不论多么擅长逃跑的罪犯都一筹莫展，乖乖就擒。另外尤其值得一提的就是，本届马拉松有一位亚洲籍选手参加——这是第一个参加马拉松比赛的亚洲人。他也是我们故事的主人公——来自日本的金栗志藏先生。

7月14日下午1时45分，宣布马拉松比赛开始的枪响了。各路诸侯奋勇当先，肩负着日本人希望的金栗志藏也不甘示弱，跑在了第一方阵。第一方阵中最显眼的无疑是"黑马"南非人麦克阿瑟和盖茨汉姆。这天天气炎热，选手在强烈的阳光下勇敢地奔跑。随着比赛进程的推移，有人坚持不住了，金栗志藏先生就是其中一位。他在几乎崩溃的情况下，躺倒在赛程中途一个花园旁——这是一位热情好客的瑞典富翁的私人庭院。此时这家人正进行着美妙浪漫的野餐会。主人正巧看到了倒下的金栗志藏，他们赶忙把他揽到里面，给他喝下一大杯甜美的覆盆子果汁。金栗志藏太累了，他接受了主人的邀请，躺在了床上，一会儿就进入了梦乡。

　　夜色阑珊之时，金栗志藏悠悠醒来，忽然想到了马拉松比赛，不禁大急。但往窗外一看天色已晚，比赛此时早就结束了——罢了罢了！务实的日本人索性决定今夜就在此度过了。他为主人的盛情而感动，和主人频频举杯，互祝健康快乐，"觞至则倾杯，谈谐到天明"，真是惬意的野餐啊！可明天该怎么着？没能完成比赛，半路又有这样的奇遇，回到奥运村一定是说不清，何况也不好意思，于是果敢的日本人干脆请求主人——现在已是他的好朋友了，将他送到了斯德哥尔摩火车站，乘火车、坐轮船——"轻轻的我走了，正如我悄悄的来，挥一挥衣袖，不带走一片云彩"，他悄无声息地打道回国了！

　　此刻马拉松赛场上怎么样了？出事了，出大事了！南非人麦克阿瑟领先了另一个南非人盖茨汉姆1分钟，取得了冠军。然后两个人不知道因为赛场上的什么约定而激烈地争吵起来。而21岁的葡萄牙选手弗朗西斯克·拉扎若在比赛中倒下后，就再也没起来，死在了急救的医院里！这无疑让组织者焦头烂额，开始寻找比赛中因不堪炎热而中途退出的33名选手，他们找到了32个，缺少一个日本人金栗志藏——不妙！不仅死人了，而且还丢人了！他们发动斯德哥尔摩的很多警察，号召他们连续作战、不怕疲劳，一定找到失踪者。但是几天后他们只好无奈地宣布：金栗志藏失踪了！金栗志藏究竟身藏何处？有人声称他看到金栗志藏试图找到返回体育场的路，还有人说他看见金栗志藏搂着一个漂亮的瑞典姑娘走在大街上。

　　1962年的马拉松比赛，是日本选手金栗志藏失踪50周年的纪念日。一名瑞典的著名记者被派遣到日本去寻找这位令人困惑的运动员，记者居然发现金栗志藏一直在日本的一个小镇上做地理教师。默默无闻的金栗志藏从没想到自己会在瑞典那么家喻户晓，他既惭愧又兴奋。1967年，76岁高龄的金栗志藏回到斯德哥尔摩，有关方面邀请他参加一个象征性的活动：让他慢慢地在马拉松跑道上跑，然后撞线，以完成他55年前未完成的马拉松比赛。瑞典人着实为这个当年马拉松上野餐事件的主角津津乐道了好多天。

无冠军的比赛

　　体育比赛最终总会产生冠军，如果双方实力旗鼓相当，会产生并列冠军或抽签决定冠军。但在第 5 届奥运会上却出现过一次比赛没有冠军的怪事。

　　这届奥运会的摔跤比赛只有古典式一项，参加 82.5 公斤以下级比赛的有 11 个国家的 29 名选手，经过 6 天激烈的争夺，由瑞典选手安德斯·阿尔格伦和芬兰选手伊瓦尔·柏林决赛。决赛时，体育场内人山人海，人们翘首以待观看这一场龙争虎斗。然而出乎人们意料的是，双方费尽了心机，耗尽了力气，比赛一个回合接一个回合，仍是难解难分。9 个多小时过去了，胜负尚未确定。看台上的观众早已无影无踪，场内只剩下大汗淋淋、气喘嘘嘘、机械地转动身躯和摆动着手臂的安德斯和伊瓦尔以及饿得头昏眼花的裁判员。漫长的比赛令人难以忍受地继续进行着，当时针走向"10"小时时，裁判员终于在忍无可忍的饥渴中鸣笛收兵。

　　可是名次怎么排定呢？这可难住了可怜的裁判员。当时没有并列冠军的规定，而指定某方为冠军，对方肯定不平。经反复研究，最后决定两人并列亚军。躺在场地上精疲力尽的安德斯和伊瓦尔尽管不十分情愿，但也只好无可奈何地点头同意裁判的判决。

　　于是，这场比赛就成了奥运会史上无冠军的比赛。这枚金牌就成了奥运会史上的唯一一块无人领取的金牌，它至今还陈列在斯德哥尔摩体育博物馆陈列柜内。

胜之不武的马拉松冠军

1912 年奥运会马拉松和前几届奥运会马拉松一样，充满了戏剧性，异常炎热的天气毁掉了比赛。

7 月 14 日，19 个国家的 68 名选手，在下午 1 点 45 分站在起跑线上。比赛从首都斯德哥尔摩出发到绍伦吐纳再返回首都。南非两名选手克里斯丁·盖茨汉姆和肯尼迪·麦克阿瑟，对美国队构成了很大的威胁。

盖茨汉姆身材修长，十分灵活，他在英国理工学院越野马拉松赛中，输给加拿大詹姆士·考克瑞，获得了第 3 名。在奥运会马拉松赛的前一天，即 7 月 13 日，他计划跑完比赛的全程距

麦克阿瑟

离，作为训练。他的教练听说后，吓坏了，急忙跑了 12 英里追上他，并且愤怒地把他拽回了旅店。而 30 岁的麦克阿瑟，曾在爱尔兰当过邮差，每天跑 15 英里挨家挨户地送信。1905 年他移民到了南非，当了警察，他能追上长距离逃跑的罪犯，身体十分结实。

马拉松比赛到达特瑞堡 17 英里处，两名南非人处于领先的位置。据说，盖茨汉姆与麦克阿瑟关系不好，彼此不满，所以在一对一的竞争，更是剑拔弩张，双方不肯让步分毫。

有意思的是，盖茨汉姆与麦克阿瑟虽然存在敌意，但不可思议的是他俩达成一个协议：到终点前，他们一直呆在一起。南非队的领队科特兰德后来坚持认为，这个协议是达成了。当两个人跑到离体育场还有 2 英里的小山时，麦克阿瑟建议盖茨汉姆去最后一个供水处喝水，答应等

他一起前进。没有想到的是，麦克阿瑟没有遵守协议，利用盖茨汉姆
"咕咚，咕咚"喝水的机会，飞速向前，与劲敌盖茨汉姆拉开了决定性
的距离。

　　盖茨汉姆喝完水之后，发觉信誓旦旦要公平竞争的麦克阿瑟不见
了，知道上当了。他拔脚便追，打乱了自己比赛的节奏，无法赶上麦克
阿瑟，而麦克阿瑟此时已进入柯罗列夫体育场，一个志愿者立即把南非
的国旗和月桂花环套在他的脖子上。麦克阿瑟虽然看起来很累了，但他
在欢呼声中挣扎着冲向终点撞线，他以 2 小时 36 分 54.8 秒夺取金牌；
盖茨汉姆比他晚 1 分钟获得亚军。

　　比赛之后，两人大吵了一场。

被剥夺金牌的冠军

　　本届最出名的人物是美国的天才运动员吉姆·索普。瑞典国王古斯
塔夫五世在授予他金牌时，称赞他是
"我们时代最伟大的运动员"。这不只
是因为他获得两枚金牌，比他获更多
的金牌大有人在。他之所以伟大，是
因为他在两个难度最大的比赛项目
（五项全能、十项全能）中以优异的
成绩取胜。但是，在奥运会冠军史册
上并没有索普的名字。人们一再提到
他，称颂他，他的名字比冠军更响亮，
这是因为人们同情他的不幸，愤慨于
国际奥委会的处理不公。

吉姆索普

　　1889 年索普出生于美国一个印第
安贫穷的家庭。从小就具有非凡的运动才能，篮球、足球、游泳、跑步

等，样样都行。斯德哥尔摩奥运会时，他报名参加五项全能、十项全能两个项目，顺利地取得了美国奥运会代表团团员的资格。在奥运会上夺得了一项又一项胜利。五项全能赛时，跳远、200米、1500米和铁饼都是第一，只有标枪是第三，稳拿了五项全能冠军。但是，半年后索普被人诬陷为职业运动员。1913年5月26日国际奥委会根据美国田联提出的莫须有的证据，取消了索普的冠军资格，并把金牌转发给这两个项目的第二名——挪威的费南尔德·比和瑞典的赫·威斯兰德尔，但遭到了两人的拒绝。十项全能亚军获得者威斯兰德尔说，真正的冠军是索普，

吉姆索普

不是我也不是其他任何人。

索普不仅被剥夺了金牌，而且被剥夺了参加业余比赛的资格。就这样，一代才华横溢的运动员被扼杀了。此后，索普当过职业棒球员，卖过苦力，开过小酒店。他想到申辩，但投诉无门。之后他的生活开始变得贫困潦倒，甚至连后来在洛杉矶举行的奥运会的门票都没钱购买。1953年，索普在忧愤和贫病中去世了。他留给人世的最后一句话是："还我金牌"。蒙上灰尘的金子终会重露光华的。10年后，在美国正义人士的努力下，索普的冤情终于得到了澄清。1982年10月国际奥委会决定为索普恢复名誉。1983年1月，国际奥委会主席萨马兰奇亲赴洛杉矶将追回的金牌重新授予了索普的子女。

全能选手成为血胆将军

斯德哥尔摩奥运群英荟萃，兵精将广，不少优秀体育天才脱颖而

出，名震寰宇，同时一批具有领袖才干的人物也在此亮了相。

本届奥运会，第一次将现代五项比赛列为正式比赛。现代五项运动继承了古代奥运会的传统，瑞典是现代五项运动最盛行的国家。

现代奥运会之父顾拜旦曾设想把这种古代奥运会的五项竞技比赛精神，复活为现代五项竞赛，希望运动员以多方面的才干，创造出新的综合竞赛技能。后来，瑞典军队体育联盟根据顾拜旦这一设想，创立了现代五项运动。起初，参加奥运会这

巴　顿

项运动的都是现役军人，因此现代五项又称军事五项。后来这个项目比赛的人就不只限于军人了，任何人都可参加比赛。这是奥运会上唯一的军事项目，比赛分 5 天进行，第一天是马术，后面的是击剑、射击、游泳和越野跑比赛。

现代五项是一项综合性很强的运动项目，它要求运动员既要有良好的体力，又要有多方面的技能。

美国 27 岁的巴顿上尉自费来到斯德哥尔摩，参加了越野赛马、击剑（重剑）、手枪射击、300 米游泳及 4000 米越野赛跑。前 3 项比赛，他骑马驰骋，一骑绝尘；击剑比赛，刀刃游余；射击比赛，弹无虚发，发挥出色。第 4 项是 300 米游泳比赛，由于他在前 3 项比赛体力消耗过大，当他游到终点时，已经休克，被工作人员用撑船用的钩子捞上了岸；在最后一项 4000 米越野跑比赛中，他筋疲力尽而晕倒在皇家包厢前的终点线上。

巴顿在 43 名竞争者中获得第 5 名，他是美国正规军官中表现最出色的一个。回国途中，他特意绕道前往法国，到著名的索米尔骑兵学校学习了一段时间剑术。第二年，他又专程赴法进修，不断提高剑术。由于他刻苦训练，获得了"剑术大师"的称号。他还进行飞靶射击、打

网球和玩手球。他在最擅长的马术比赛中，得到 400 枚奖章和 200 个奖杯。巴顿在体育活动中练就了强健的体魄，为以后从事艰苦的军事训练和紧张的战斗奠定了基础，后来成为反法西斯的一员战将。

1945 年 4 月，巴顿指挥的第 3 集团军从比利时向德国进军，组织指挥这样的大进军，对指挥机关来说，工作量之大，任务之艰辛可想而知。许多指挥官都垮下病倒，甚至不得不临阵易将，而年近六旬的巴顿，依然精神抖擞地驰骋于疆场。

第二次世界大战结束后，巴顿将军举行记者招待会，有记者问他："将军阁下，您在第二次世界大战中卓越的指挥才能，是您的骄傲和荣誉，对此您有何感想？"巴顿连续"No，no"两声后说："参加第 5 届奥运会是我一生的骄傲和荣誉。当时游完 300 米上岸后，我休克了。醒来后，我告诫自己一定要拼下最后一项 4000 米越野赛。记者先生，你可能体会不到一个人休克后醒来再跑 4000 米的滋味，但我体会到了。我不但跑完全程，还得了奥运会这个项目的第 5 名，这才是我一生的骄傲、我一生的荣誉。"

八次抢跑拖垮对手

男子 100 米比赛一向是争夺最为激烈的一个项目，前三届冠军均被美国人夺得，而在第四届奥运会的短跑项目上美国选手不仅丢掉了男子 100 米的冠军，其他几个短跑项目也是全军覆灭，丢掉了所有的金牌。于是这次比赛美国队早早做好准备，决心"报仇雪耻。"第五届奥运会上，美国组成了强大的阵容参赛，志在夺魁。

这次 100 米赛跑项目共有 22 个国家的 68 名选手参加，其中美国运动员就有 20 名。美国队显示了强大的实力，其中的 5 名选手，分别以小组第一的成绩进入了复赛，多纳尔德·利品科特还跑出了 10 秒 6 的最好成绩，这个成绩被当时的国际业余田径联合会认定为 100 米跑的第一个世界记录。

复赛开始后，分在第 4 组的美国选手拉尔夫·库克·克雷格看到同组的德国选手成绩十分了得，曾创造过 100 米 10 秒 5 的非正式世界记录，就想利用抢跑战术来整垮对手。因为当时比赛中还没有抢跑两次就要取消参赛资格的规定。克雷格比赛时一共抢跑了 8 次，所有选手被他弄得晕头转向，反应呆滞。他第 9 次起跑成功，而对手已被他的"神经战"击败。克雷格轻松夺取了小组第一名，进入决赛。在决赛中他以 10 秒 8 的成绩获得冠军，为美国夺回短跑金牌。

银牌得主获诺贝尔和平奖

1959 年 10 月的一天，在瑞士首都斯德哥尔摩皇家科学院的大厅内，隆重的颁奖仪式正在进行，当年获得诺贝尔和平奖的是一位白发苍苍的英国老人——菲利浦·诺尔·贝克尔。在颁奖典礼上，贝克尔发表了即席演说：

尊敬的评委，朋友们，我很高兴又来到你们国家美丽的首都。在 47 年前，我曾作为英国奥运代表团的运动员参加了奥运会，47 年后我又来到这里，现在我的心情十分激动……原来贝克尔老人年轻的时候，曾两度入选英国奥运会代表团。1912 年，在斯德哥尔摩奥运会的 1500 米比赛中，身穿剑桥大学运动衣的菲利浦·诺尔·贝克尔与许多名将角逐这枚金牌。他的莫逆之交、牛津大学的埃·杰克逊英勇顽强，战胜了 1908 年伦敦奥运会冠军谢巴德和刚刚创造世界纪录的美国阿·基维特，以 3 分 56 砂 8 的成绩创造了奥运会纪录。而贝克尔取得了第 6 名。

1920 年，在比利时安特卫普举行的第 7 届奥运会上，贝克尔在 1500 米比赛中，拿到一枚银牌。1924 年贝克尔第三次参加在巴黎举行的奥运会，担任英国田径队队长。1952 年他作为英国代表团高级官员，第 4 次参加奥运会。退役之后，贝克尔成了英国一位著名的政治家，在

1950 年至 1976 年期间，担任了世界体育运动理事会主席。1972 年曾创立了"菲利浦－诺尔－贝克奖"，用以奖励那些在体育科学领域中的杰出人士。第二次世界大战后，各国人民都渴望和平，贝克尔顺应民心提出了裁军的建议，要求英国政府裁军以维护和平，并提出了一系列的建设性意见，为世界和平做出了巨大贡献，1959 年他为世人推崇，荣获诺贝尔和平奖。

贝克尔在担任了 22 年联合国教育委员会主席后，91 岁高龄的他，写了一首呼唤和平的歌曲，并亲自录制唱片。这首歌在世界各地被人们传唱。

第7届 1920年安特卫普奥运会

网坛女神裸露小腿

　　她有清秀美丽的脸庞，她有潇洒迷人的气质，她有光彩夺目的战绩，她就是法国网球运动员苏珊·朗格朗。

　　1899年5月24日，苏珊·朗格朗出生在法国巴黎一个公交汽车公司老板的家中。她从小接受良好的教育，上贵族学校，还是芭蕾舞团的成员。长期的芭蕾舞训练为朗格朗优雅、迷人的姿态打下了基础。她的父亲查尔斯是一位狂热的网球迷，但因种种原因，他没能成为网球运动员。为了弥补自己的遗憾，他把全部希望都寄托在女儿身上。每天放学后，朗格朗都要跟着父亲练习网球。父亲的训练非常严厉，有时候近乎苛刻，一个动作做不好，父亲往往会要求她重做数十次。正是父亲对女儿"不近人情"的魔鬼训练，成就了一位20世纪20年代的"网坛女皇"。

　　朗格朗真正的网球生涯始于1919年的温布尔登网球公开赛。当时年仅20岁、初次参加正式网球公开赛的朗格朗，在比赛之初就成为全场焦点和人们津津乐道的话题。网球运动的早期，女子选手必须着"长到脚踝的白色连衣裙、束腰马甲、衬裙和帽子"。在这身行头的包裹下，第一代女子网球选手们在网前东奔西跑，酷似一个灌满气体的移动布口袋，笨重的长裙常常让她们不得不分出精力来应付随之产生的阻力气流，还得时刻小心别让帽子或头巾掉落。

1919年温布尔登网球赛场上苏珊·朗格朗的出现，才真正改变了这种滑稽的穿着。她改长袖为短袖，并配以露出小腿的宽松过膝百褶裙和长袜，为女子网坛带来了一股清新之风。赢得了媒体的经典评语："网球场上的裸腿之战。"

朗格朗大胆穿着裸露脚踝和小腿的宽松网球裙，如一颗炸弹抛向赛场，并从老将——曾经7获温布尔顿女单冠军的罗西亚·道格拉斯·钱伯斯手中夺得冠军。

1920年，在安特卫普奥运会上，朗格朗夺得女网金牌，在全部10盘比赛中，她只输掉4局；她与同胞马库斯·德库吉斯搭档在混双比赛中获得第二枚金牌；与伊丽莎白·达扬搭档夺得女双铜牌。

从1919年到1923年，朗格朗连续5年夺得温布尔登网球冠军，1926年再度夺冠；她参加9次重大赛事，获得了8次冠军；从1919年到1926年，她共赢得21项大满贯赛事单打、双打和混合双打的桂冠；曾获得81项赛事的冠军，在其中7项赛事中，创造了连续作战未失一局的纪录。朗格朗成为网球史上第一位转入职业比赛的网球明星。

1938年，这位网坛女神因患败血症逝世，年仅39岁。法国人为了纪念这位传奇女英雄，用"朗格朗"命名了每年举办法国网球公开赛的场地；2001年还创立了"朗格朗杯女子网球比赛"。

为游泳两度被捕的选手

本届比利时安特卫普奥林匹克运动会上，有着传奇经历的美国姑娘艾瑟尔达·布莱布特里包揽了游泳项目的 3 块金牌，她的队友们也毫不客气地拿走了剩下的所有奖牌。

但是本届奥运会前，尽管美国男子游泳健儿已在世界大赛中夺金摘银，而女选手却没那么幸运，甚至连参加游泳运动的机会都没有。因为当时纽约法令规定，女子不能在公共游泳池内裸露下肢。这就等于禁止女子在公共场合参加游泳运动。

布莱布特里，这位在奥运会上包揽 3 块金牌而被称为美国女子游泳运动开拓者的女性，为了参加游泳运动，曾经两度被捕入狱：第一次，她置纽约禁止女性在公共游泳池内裸露下肢的法令于不顾，脱去裤袜，跳进大海畅游，结果被拘留。

奥运会后，受纽约一家媒体的怂恿，布莱布特里在市中心的一座水库内游泳，结果再次被捕。但是这次她得到了纽约市长的亲自保释。市长还同意在市中心修建一座大规模的游泳池，以供更多的市民特别是女子投身增强国民身体素质的游泳运动。

泳星成影星

在本届奥运会的水上项目中，诞生了一位游泳明星。来自美国的游泳选手约翰·韦斯穆勒创造了新的世界纪录，成为第一个突破 100 米自由泳 1 分钟大关的运动员，他以 59 秒整的成绩一举击败了比他年长 10 岁的夏威夷的上届冠军卡哈纳英库公爵。

接着韦斯勒在 400 米自由

人猿泰山中的穆勒

泳中获得了第二顶桂冠，继而在 4×100 米自由泳接力赛中再添一枚金牌。顿时他成为红极一时的游泳明星，同时他的自由泳技术被认为是奠定了现代游泳技术的基础。最后，他以其多才多艺的出色表演，作为美国水球队的一员，又荣获一枚铜牌。

4 年后，韦斯穆勒在第九届奥运会上再次赢得了 100 米自由泳和 4×100 米自由泳接力赛两枚金牌。这位年轻英俊、风度翩翩的游泳健将在 4 年的泳坛生涯中，获得了 5 枚奥运会金牌，创造了 24 次自由泳世界纪录。1932 年，他受聘于一家著名的电影制片厂，以他特有的游泳英姿，出现在电视系列片《人猿泰山》中，成为了著名的电影明星。

奥运英雄血洒长空

每次奥运大赛，均将田径放在首位。

1920 年的第 7 届奥运会上，田径比赛鏖战激烈，精彩纷呈，而最引人注目的一个人物，是美国田径队的查尔斯·帕德多克。

1900 年 8 月 21 日，帕德多克出生在美国的加利福尼亚，他从小酷爱体育运动。由于他体型有些"肥胖"，经常遭到队友的讥笑。

"我说肥鹅，你又长胖啦。"

"那怎么啦，长胖也是好事，谁叫你瘦得像小猴？"

"噢哼哼，你们看看，肥鹅起跑时的样子，多难看。"

"起跑难看，但我每次都赢了你。"

确实这样，帕德多克的起跑技术欠佳，但他途中加速冲刺，如飞速的炮弹，成绩都比队友好，所以他仍然是美国队的佼佼者。

8月16日，秋天的阳光照得贝绍特田院运动场一片金色，男子百米决赛就在这座能容纳30000观众的运动场打响。那时，环绕运动场的是一条400米的煤渣跑道。

下午2点，各路短跑精英站在起跑线上。

"各就位，预备！"

发令枪"砰"地一声，扬起袅袅青烟，8名飞毛腿拼命向前冲去。帕德多克在离终点还有几米的地方，他突然上体前倾，挺胸抬头，两臂像拨开一道屏障那般，跳向终点线，战胜所有对手，以10秒8的成绩获得金牌。他这种独创性的冲刺动作被世界田径专家称为"豹跃式"冲刺，后来被许多人采用，并流行了几十年，对世界短跑运动的发展作出了杰出的贡献。

帕德多克与他创造的"豹跃式"冲刺，成为奥运会各报的头条新闻。4天之后，在200米决赛中，他输给队友艾林·伍德林，以22秒1获得一枚银牌。2天之后，在4×100米接力中，夺得第2枚奖牌。

1921年是帕德多克的才华大放光芒的一年，从那年3月26日至28日，他多次参赛，每场必胜，并多次打破100码（1码＝0.9144米）、100米和200米的世界纪录。

在1924年巴黎奥运会上，他的成绩有些下滑，200米只得一枚银牌，100米仅列第5，但他没有气馁，在这届奥运会之后，他重整旗鼓，在洛杉矶田径赛中连夺100码、200米二枚金牌。

1928年，帕德多克第三次出征第9届阿姆斯特丹奥运会，当时他已27岁。因为忙于学业和参加军事训练，所以没有通过预选赛。他在尝到了失败带来的痛苦之后，毅然挂靴退出赛场。

第二次世界大战爆发，这位昔日的奥运英雄穿上了飞行服，驾机直冲蓝天，过着极其紧张的战斗生活。

1943年，已43岁的帕德多克担任美国一个飞行大队的队长职务，经常率领部下突然袭击敌人阵地，立下了不朽的战功。同年7月21日，他与一名少将同机侦察，在阿拉斯加上空与敌机展开激战，碧血挥洒长空，为国捐躯。

人们为了纪念这位奥运英雄献身精神，以他的名字命名了一艘美国军舰——"查·帕德多克"号。

偷了五环旗， 80 年后才 "自首"

1920 年 4 月，第 7 届奥运会在比利时安特卫普拉开战幕。这是一战之后的第一次奥运会。这届奥运会载入史册而有三大内容：第一，奥运会会旗首次飘扬赛场。国际奥委会会旗是 1913 年根据顾拜旦的构思而制作的五环旗，旗帜于 1914 年为庆祝现代奥林匹克恢复 20 周年，在巴黎举行的奥林匹克代表大会上首次升起。比利时奥委会绣了同样一面旗在本届奥运会上使用。运动会后，比利时奥委会将它赠给国际奥委会并成为国际奥委会正式会旗。从而开创历届奥运会开幕式上都有会旗交接的先例；点燃了绚丽的火焰，这是奥运会上点燃不熄圣火的前身；继承古奥运遗风，开幕式上实行运动员宣誓仪式。

安特卫普奥运会，比赛场地十分简陋，游泳与跳水运动员，都在用土堤围起来的水塘里，进行世界最高水平的竞赛。美国跳水运动员皮雷斯特，在这种黄浊的"混堂"里终于获得一枚铜牌，他高兴极了。当天夜晚，他与几名队友闲逛。皮雷斯特看到那面五环旗在风中猎猎作响，不禁浮想联翩。队友们见他盯着那面五环旗发呆。

"皮雷斯特，敢不敢爬上去？"队友怂恿说。

"干什么？"皮雷斯特问。

"把那面旗摘下来留作纪念。"

"这旗有什么用？"

"傻瓜蛋，这是奥林匹克的标志，比你那块铜牌更珍贵！"

"那被人抓了怎么办？"

"你放心，我们给你望风。"

"好嘞!"

年轻气盛的皮雷斯特头脑一发热,便光着脚"唰唰唰"地爬上 15 英尺高的旗杆,摘下了那面迎风飘扬的五环旗,在队友的嬉笑声中,把这面旗帜带回家,一藏就是 80 个春秋。

2000 年的第 27 届悉尼奥运会,皮雷斯特已到了垂暮之年。一直萦绕在他心头的一件事,是如何把这面五环旗还给国际奥委会。经过斡旋,皮雷斯特坐着轮椅飞到了澳大利亚。他不仅是美国,也是全世界年纪最大的曾经参加过奥运会的选手,也是悉尼奥运会年纪最大的观众。

皮雷斯特家属经与悉尼奥运会组委会的商议,决定让这位 103 岁的老人,与国际奥委会主席萨马兰奇见面。

9 月 19 日,皮雷斯特坐在轮椅上,把这面珍藏 80 年的五环旗,隆重地送还给萨马兰奇。萨马兰奇从这耄耋寿星颤巍巍的手里接过失踪 80 年的五环旗时,感慨良多,忙不迭地连说"谢谢!谢谢!"看来,103 岁的皮雷斯特的"自首",具有特殊的意义,听说有人想将这段故事拍成电影呢。

奥运史上唯一的两栖冠军

在斯德哥尔摩第 5 届奥运会上,取消了拳击项目。经过第一次世界大战,拳击又被列入第 7 届安特卫普奥运会的比赛项目。

美国拳击运动员伊根·爱德华,在男子轻重量级(72.57—79.35 公斤)比赛中,一路过关斩将,轻取对手,在决赛中击败挪威选手,为美国队夺取金牌。

伊根出生于美国丹佛一个贫穷的家庭,但他意志坚强,从不服输。似乎只要他愿意,就没有他克服不了的困难和达到不了的目的,求学期间,那些在旁人看来高不可攀的名牌大学,对他来说没有难度。他刻苦用功,认真苦读,先后踏进耶鲁大学、哈佛法律学院和牛津大学三座全

世界顶尖的高等学府。

1920 年夺得奥运拳击金牌后，伊根又成了第一位在现代拳击发源地英国获得业余拳击赛冠军的美国人。

拳击场上取得辉煌成就，并没有让伊根感到满足，他还要在冬季奥运会上大放光彩。

1932 年 2 月 9 日到 13 日，第 3 届冬季奥运会在美国普莱西德湖举行。参加这次比赛的有 17 个国家和地区的 307 名运动员。

伊根代表美国队参加了男子 4 人座有舵雪橇的比赛，以 7 分 53 秒 68 的成绩夺取金牌，成为继夏季奥运会上夺得拳击金牌，又在冬季奥运会夺得金牌的"两栖"冠军。

毕业于世界名牌大学的伊根，并没有积极参加体育运动而荒废了他的专业，在美国法律界，他同样是一位机敏善辩、令人尊敬的大律师。

完美的谢幕

曾是安特卫普奥运会大赢家的帕沃·努尔米（获得 3 块金牌），4 年后再次出现在巴黎奥运会的田径赛场上，这位芬兰人表现得更加出色，他一口气拿下了 5 块金牌。好家伙，那金牌就好像是为他预先订制的，只管哗哗的往怀里装——他成了货真价实的金牌专业户。我们不妨帮着盘点一下：

7 月 8 日，5000 米资格赛。努尔米十分自信，在比赛的前半部分，他甚至和同胞埃诺·塞帕拉说起了笑话，当观众送给他嘘声时，他才开始加快步伐。最终，努尔米轻松地获胜——跑个 5000 米，这算个啥呀，毛毛雨啦！第二天，他又毫不费力地取得了 1500 米的决赛资格。

7 月 10 日，1500 米和 5000 米的决赛。两场比赛只相隔一小时。参加两场间隔如此短暂的比赛，对于大多数选手来说都是很困难的，何况此时的天气正是巴黎一年中最为炎热的时期。但对于铁人努尔米来说，这不在话下。他忙而不乱，心中有数。首先是 1500 米赛，他的主要目标是既获胜又节省体力。比赛开始时，他实现了领跑，一段之后在其他人体力不支的时候他全力加速。到最后，对手中只有美国人雷·沃森似乎要和他拼一拼，但沃森很快就识趣地觉得自己与那个"超人"好像不在一个档次上，他慢了下来，于是芬兰人在无任何挑战的情况下，寂寞地获得了胜利。

由于主办方的原因，5000 米的开赛耽搁了很长时间，这为努尔米等人提供了补充体力的机会。本场比赛最强的对手是队友维拉·里托拉。维拉·里托拉已在本届奥运会上获得了 10000 米和 3000 米障碍赛的两项冠军。由于芬兰队的有意安排，没让努尔米参加 10000 米项目的比赛，所以两大田径高手始终没能相遇较量。这是二人第一次在奥运会上对决。努尔米信心十足。当赛场过半时，他发力实现了领先，但里托拉紧紧咬住他不放。这时人们才意识到，本场比赛实际是两个芬兰人之间的一场争夺战。在一段时间里，努尔米甩开了里托拉 7 码的距离，但不甘示弱的里托拉奋力跟上了，在最后一圈时，两个人似乎拼得不分上下，到了最后冲刺阶段，努尔米简直就像换了齿轮的机器一样，旋风般地超越了里托拉，以 14 分 31.2 秒的成绩取得了胜利。这样，努尔米不仅在一个多小时里获得了两块金牌，而且分别创下了两项奥运纪录。真是太厉害了！

努尔米的神话还在继续着。在 3000 米比赛的资格赛中，他又轻松地战胜了劲敌——队友里托拉和萨默利·塔拉，获得了胜利。7月12日，"个人越野"赛开战了。那是巴黎的一个炎热的下午，气温高达45℃度。赛程10650米，比赛先是沿着赤日炎炎的塞纳河，然后穿过障碍丛丛的草地，还要经过一个令人不舒服的有污染的工厂。这种高温的天气加上工厂周围的有毒空气，让许多选手的身体出了问题，参赛的38个运动员中，很快就剩下15个人在坚持了，倒下的人只得无奈地躺在了担架上。然而，铁人努尔米似乎没受什么影响，他以雷霆万钧的冲刺，以超出对手里托拉半分钟的成绩又摘取了一块金牌！而这还没完，第二天，当多数选手还在床上或是在医院恢复时，努尔米和那位具有"陪榜"意味的——也算是硬汉的里托拉又出现在3000米的决赛中。第一个1000米后，努尔米就开始领先了，最后他以超过里托拉8.6秒的成绩，将第五块金牌放到了自己的功劳簿上。

至此，"芬兰飞毛腿"努尔米完成了他的巴黎奥运会全部赛事。在6天中，他参加了7次比赛，全部获胜，摘取了五块金牌！"金牌专业户"的神话后来在1928年的奥运会又再次上演，他弥补了上届奥运会没能参加10000米比赛的遗憾，如愿以偿地获得了胜利，这样，12年间，他3次参加奥运会，共摘取了9块奥运金牌！但天下没有永远的冠军，30岁的铁人在本届奥运会5000米竞赛和5000米障碍赛中没能延续胜利，他只获得了两块银牌。英雄该说再见了，但这已是英雄完美的谢幕！

在英雄的祖国芬兰，努尔米受到了人们无比的尊敬。芬兰政府还为他塑造了一座铜像，他的形象得以永远地屹立在芬兰人的生活中。后来他又在奥运会上出现过一次，那是在1952年赫尔辛基奥运会上，他是以奥运火炬手的身份出现的，当7万观众得知他是帕沃·努尔米时，响起了震耳欲聋的欢呼声。当55岁的老英雄大步跑入体育场并经过他自己的铜塑像时，数百人为之激动地哭泣！20多年后，1973年，英雄走完了自己伟大的生命历程，芬兰人为他们的英雄举行了隆重的国葬。1982年，芬兰天文学家发现了第1941颗太阳系行星，芬兰人将这颗星命名为"帕沃·努尔米行星"，崇敬之情可见一斑。

第8届 1924 年巴黎奥运会

打破头的橄榄球比赛

橄榄球比赛是因为人们的疯狂而在奥运会上被取消的。1900 年巴黎奥运会上的法国和德国比赛就曾经让政府官员们大伤脑筋，他们害怕民众将这次比赛视作"要为色当复仇"的反击战，结果法国队很争气，以 25：17 战胜德国人，抚慰了法国人受伤的心灵。而 1924 年的巴黎奥运会之所以给人的感觉是糟糕透顶，主要还是因为法国人对美国人的橄榄球水平非常仇恨。1920 年在奥运会上输给美国橄榄球队（比分是 0：8）对于法国来说是一次普法战争失败般的耻辱，他们极其渴望着在 4 年后的巴黎奥运会上借地利之便给美国人一个下马威。用美国队队员话说就是，"他们正在寻找一个出气的拳击袋，而让我们去巴黎是为了使他们自己像绅士那样去获胜。"

法国人对美国橄榄球运动员的仇恨随着比赛的临近而变本加厉。首先是法国移民局官员拒绝美国橄榄球队入境，这使得美国人只能乘着他们的汽艇在大不列颠海峡中晃晃悠悠，忍受着晕船和呕吐的苦恼。当他们终于被允许下到陆地上去，他们还是不受欢迎的人，法国新闻界称他们是"街上的打斗者和沙龙里的吵闹者"，他们冒险一上街，就被愤怒的法国人团团围住，用他们并不干净的唾沫迎接着这些远道而来的客人。尽管他们的住处就有法国哨兵站岗，他们的旅馆还是在与罗马尼亚比赛的那一天被人洗劫一空。

5月18日，法国队和美国队的世纪之战终于上演。美国人犹豫自己是否要战胜法国队，因为这样做的结果有拿命赌博的危险。4万名球迷涌入斯塔德·科洛梅斯体育馆，他们中绝大多数都是当地的法国队支持者。但是他们复仇的希望在法国队相形见绌的表现面前崩溃了，"17：3"，又一个耻辱的比分，美国人用他们粗野的力量弥补了技术力量的不足，虽然他们已经三个月没有摸过橄榄球。

这引发了一次骚乱，很多法国人想把美国人撕成碎片，他们把瓶子、石块如暴风雨般甩过栅栏，他们每个人似乎都可以在铅球比赛中获得冠军。

这样粗野的比赛实在有损两国的友谊，所以橄榄球被顺理成章地从奥运会中剔除了。

没有金牌的世界纪录

巴黎1924年7月7日。

罗伯特·莱金德（Robert LeGendre）的名字对奥运会的巨大荣誉来说微不足道。他在1920年奥运会五项全能比赛排第四名，然后在1924年奥运会的同一项目上获铜牌，看上去他不可能在那些流芳百世的金牌英雄们中占有一席之地。可是，有谁能比任何一个奥运会跳远运动员跳得更远，却没能拿到金牌呢？莱金德就是这个问题的答案。在巴黎奥运会上，莱金德不仅仅是跳得最远的人，而且还创下新的世界纪录。为什么他的出色成绩没有使他最后赢得奥运金牌呢？因为他的成绩是在五项全能比赛时取得的，而不是在跳远比赛上。那时他在参加奥运五项全能比赛。

这名来自华盛顿特区乔治敦大学的26岁的毕业生，是个非常全面的运动员，在球类运动和田径运动方面都出类拔萃。为了展现他的多方面才能，他参加了1920年奥运会的五项全能比赛并且取得了值得称赞的第四名。他最拿手的项目就是跳远，在这个运动项目中，他是将空中迈腿的动作引入跳远的第一人，他主要通过加快助跑速度来跳得更远，同时在空中仍然做出向前迈步的动作。虽然这项技术被证明相当有效，令人吃惊的是在 1924 年奥运会上，这项技术却未能帮助他在美国跳远队中获得一席之地，只能又一次参加五项全能比赛。

五项全能比赛中的跳远争夺赛在 7 月 7 日举行，那是奥运会跳远比赛的前一天。莱金德以 25 英尺 5.21 英寸（7.75 米）的成绩打破了世界纪录。原纪录是他的同胞爱德华·古尔丁（Edward Gourdin）在 1921 年创下的，他超过了该纪录近 3 英寸。当跳远运动员在第二天出现在赛场时，他们都未能跳出莱金德的成绩。金牌最后落入美国人威廉·迪哈特手中，他的成绩是 24 英尺 5 英寸（7.44 米）——落后莱金德 1 英尺还多。

本来在个人项目中莱金德理应获得一块跳远金牌，但五项运动仅给他带来一块铜牌。因为他的其他项目落后于他人，他的总分低于芬兰的金牌得主依罗·莱托恩（Eero Lehtonen）和匈牙利的银牌得主艾利默·萨默菲（Elemer Somfay）。最后，他只能带着奇特的记录回国：一块铜牌和一项世界纪录。

古怪的奥运冠军

瑞典的吉·格拉夫斯特隆，以建筑为职业，同时又是诗人、画家和雕刻家。他的花样滑冰以动作优美和富有音乐感而著称。他创造了格拉夫斯特隆旋转和飞舞似的蹲踞旋转，蝉联了两届冬季奥运会男子单人花样滑冰的冠军。

1924 年，首届冬季奥运会赛前，他的滑冰鞋坏了，一时找不到可替换的滑冰鞋，他只好到商店里买了一双老式笨重的翘头冰鞋上场比赛，结果仍然夺得了冠军。在 4 年后的第 2 届冬奥会上，他又获得了男

子单人花样滑冰的金牌。但格拉夫斯特隆在 1932 年第 3 届冬奥会上运气不佳，在比赛中他与一位摄影记者撞了一下，因而影响了技术水平的发挥，结果只获得了亚军。此时他已经是 38 岁的人了，仍能取得这样的成绩已是很了不起。

格拉夫斯特隆很有点儿古怪，他从不参加奥运会以外的任何比赛。比如，他从未参加过欧洲花样滑冰锦标赛，他参加奥运会仅仅是为了满足自己的审美需要，而不是为了争夺锦标，但奥运精神的桂冠却两次戴在他的头上。

六次越狱的奥运英雄

1924 年 7 月 5 日，第 8 届奥运会在巴黎举行，这是巴黎第二次举办奥运会。英国、罗马尼亚等国的要员与法国总统、国际奥委会主席顾拜旦及其他成员在贵宾席就座。巴黎圣母院的大主教还为奥运会举行了弥撒，当法国的马赛曲奏响时，和平鸽腾空而起，飞上了蓝天。各国旗手围成半圆，法国田径运动员乔格斯·安德勒代表运动员宣誓。

安德勒不但是法国田径界的名将，而且是位参战被俘六次越狱的法国英雄。

1908 年第 4 届奥运会在英国伦敦举行，朝气蓬勃、风华正茂的 18 岁安德勒第一次代表法国参加跳高比赛。他赛前的最好成绩虽然只有 1.79 米，但他在比赛中不畏强手，越过 1.88 米的横杆，夺得一枚银牌；1912 年他第二次参加了瑞典举行的第 5 届奥运会，与后来成为将军的美国巴顿一起参加了五项全能比赛，虽然未能取得名次，但还是表现出英勇顽强的精神。

　　1914 年第一次世界大战爆发，安德勒参军入伍保家卫国，后来在一次战役中严重受伤被捕入狱。他一次又一次努力越狱……第六次终于成功，回到了祖国，经过短暂恢复，他又作为一名飞行员，驾机飞上蓝天，重新回到血与火的战场。

　　一战后的第一次奥运会于 1920 年在比利时安特卫普举行，安德勒脱下军装，第三次代表法国参加奥运会。他在第一个参赛项目 400 米栏比赛中名列第四，一周后，安德勒率领队友夺得 4×100 米接力赛铜牌。此外，他又参加了 400 米的比赛。

　　本届奥运会在安德勒的家乡举行，他已经 34 岁，是第四次参加奥运会。他作为久经赛场、战场考验的法国英雄，代表运动员庄严宣誓，在 400 米栏比赛中，雄风犹存，取得第四名不错的成绩。巴黎奥运会后，他宣布退役。

　　第二次世界大战爆发后，安德勒渴望参加空军，驾机与敌作战，因为年龄太大而被当局婉言拒绝，可他仍然三番五次地申请加入陆军，被批准后派往突尼斯参战。

　　1943 年 5 月 4 日，乔格斯·安德勒在突尼斯战场上阵亡，享年53 岁。

第9届 1928年阿姆斯特丹奥运会

我是裁判我怕谁

　　裁判一向是比赛场上公正的化身，可是林子大了就啥鸟都有。回顾现代奥运史，或糊涂或不公或骑墙，甚至"黑哨"的裁判不乏其人，当时赛场上面对不公正的裁判，选手和观众恨不得上去照他那副可憎的嘴脸，使劲抽他才解恨。可是岁月如流水，多少年后再回头翻检一下，可气的同时也觉得有趣。我们不妨以1928年第9届阿姆斯特丹奥运会为例，看看好玩不？

　　这届奥运会的一大特色就是裁判和稀泥，无厘头，一个个都像喝多了的醉汉，稀里糊涂。细数一下，田径、拳击、角力、跳水、体操等比赛的裁判中，出错都是家常便饭。许多国家，比如瑞典、爱尔兰、法国、埃及，甚至被人认为是裁判宠儿的美国，都纷纷向国际奥委会投诉，"我抗议"之声简直不绝于耳。其中最热闹的地方要数女子田径赛场。7月31日女子100米决赛。由于女子田径项目是第一次出现在奥运赛场上，所以格外引人关注，100米决赛就在人们如潮的欢呼声中落下帷幕。可正当人们焦急地等待结果时，裁判们却为第一、二名的裁决问题踩起狗爪子来。美国17岁的姑娘伊丽莎白·鲁宾逊与加拿大的两名选手罗森菲尔德和史密斯几乎同时撞线，在判决名次时，裁判对鲁宾逊和罗森菲尔德谁先谁后始终争执不下。可比赛总得最终分出个高低呀，你说裁判们怎么判？他们以罗森菲尔德在半决赛中输给鲁宾逊为由，判定美国人获胜！加拿大人自然不服，提出了抗议，但被驳回——我们是裁判，我们说了就算！

再如自由式角力 61 公斤级的比赛结束后，裁判宣布瑞士人汉斯·明德尔获得了冠军，可是在颁奖时，高兴过早的汉斯却得到了一枚银牌，等到最后公布成绩时，他又变成了第三名。那汉斯·明德尔究竟是第几名呢？谁都不知道，连裁判自己也说不清，简直就是一笔糊涂账！还有男子跳台跳水赛，埃及的法尔德·西迈卡被确定为冠军。可当沉浸在胜利的喜悦之中的西迈卡站在领奖台上，凝视着自己国家国旗徐徐升起、聆听着乐队演奏的埃及国歌的时候，突然一切又停止了。这是为啥，埃及国旗被降了下来。断电了吗？不是！代之以升起了美国国旗，乐队也改奏起美国国歌。原来冠军变成了美国人德贾斯丁，而西迈卡只是第二名。如果西迈卡意志力不坚强，肯定会发疯的！为了讨回公道，埃及代表团向裁判质问 why，回答是起初只算了选手的总分，即西迈卡总分为 99.58 分，德贾斯丁为 98.74 分，而名次分即埃及人是 6 分，美国人是 9 分没加进来，加完后结果正好相反。那你们裁判在颁奖之前发昏了还是睡着了？不管你怎么说，反正我是裁判，我想怎么着就怎么着，你抗议无效！

怎么样？够可笑的吧？这哪里是裁判，简直就是一群蛮横的蠢猪呀！

翻墙参加开幕式

1928 年 7 月 28 日，第 9 届奥运会在荷兰名城阿姆斯特丹举行了隆重的开幕式。这天，阿姆斯特丹居民几乎倾城而出，开幕式上人满为患，观众之多远远超过意料。各国运动员入场时都费了九牛二虎之力，才挤进去。芬兰代表团赶到体育场时人群水泄不通，被阻在大门之外，无法入场。

　　眼看开幕仪式即将开始，时间紧迫，芬兰队心急如焚，不知所措。这时，一部分芬兰运动员急中生智，顾不得有失体面，翻墙跳进体育场，才得以赶上了开幕式，他们高举芬兰国旗，精神抖擞地接受检阅。

国王摘取奥运桂冠

　　1928年在阿姆斯特丹第9届奥运会上，当时的挪威王储奥拉夫五世，作为挪威"诺尔纳"号船组的4名运动员之一，在6米型帆船比赛中获得该项比赛冠军，挪威举国上下为之欢腾。

　　无独有偶，32年后，希腊国王康士坦丁在1960年第17届罗马奥运会"龙型"帆船比赛中，与他的臣民合作一举夺得该项比赛金牌。这块金牌对希腊来说是非同一般，因为这是希腊在这届奥运会上获得的唯一一块奖牌。

将军担任领队

第 9 届奥运会，美国队派出了 249 名选手，人数比东道主荷兰的 246 名选手还多。更让人吃惊的是，美国队的领队，是一位赫赫有名的将军——道格拉斯·麦克阿瑟。

麦克阿瑟是美国历史上一位充满传奇色彩的风云人物。他 13 岁进入西得克萨斯军校，经过 4 年中学学习，成绩名列前茅，在体育上，他爱好棒球和橄榄球，并且担任军校橄榄球队队长。19 岁进入西点军校，成为西点精英。他作为西点军校棒球队的游击手，体育成绩优秀。第一次世界大战中，他是最年轻的准将，多次立功受奖。1919 年至 1922 年，他重返西点，成为美军院校史上最年轻的校长，在这段时间里，他极其出色地完成了他的使命，使西点军校重新焕发出耀眼的光彩，他领导西点军校迅速踏进发展变化的世界，开始了现代化的军事教育。

1923 年，麦克阿瑟成为美国历史上最年轻的少将，后来又成了美军最年轻的参谋长。他的一生战绩显赫，但也颇有争议。

1928 年，美国组成强大的奥林匹克代表队，需有一个威严的人物出任领队，最合适的人选当然是麦克阿瑟将军。在这届奥运会上，美国队以 22 金、18 银、16 铜获得总分第一。

搬不动礼品的双料冠军

加拿大有位短跑选手，叫佩·威廉斯，他身材瘦弱，年仅 20 岁，是个不起眼的年轻人。几年前，他还得过风湿病，每到刮风下雨，他浑身酸痛，连走路也感到十分困难。可是，这位天生喜爱运动的少年，坚持锻炼，天天在运动场上度过，成绩提高很快，身体变得十分强壮。为了参加奥运会的选拔赛，这位出身加拿大西部城市温哥华的少年，搭便车穿越了整个国家，终于入选国家队，出征荷兰阿姆斯特丹奥运会。

第9届奥运会田径大赛拉开战幕。美国队由于在航行途中，大吃大喝，体重猛增，所以在田径个人比赛的7个项目中，只拿到一枚金牌，这对一向自诩"在体能和精神状态方面都超人一等"的美国队来说，无疑是当头一棒。可谁也没有想到，100米和400米比赛的金牌，最后被毫不起眼的加拿大选手佩·威廉斯夺得。

双料冠军威廉斯顿时成了阿姆斯特丹奥运会的英雄，他无论走到哪里，都得到热烈的欢迎，许多民众纷纷与他握手，合影，并请他签名留作纪念。

奥运会闭幕了，威廉斯回到了故乡加拿大，他同样受到了英雄式的欢迎。当他和母亲坐火车到汉密尔顿时，他收到一套精致的茶具；火车经过温尼伯时，他又收到当地政府为他铸制的一座铜像和一个银杯，这铜像他实在搬不动，只得抱着铜像，让记者们拍照。威廉斯返回温哥华时，一位汽车制造商奖给他一部豪华跑车，政府又奖给他14500美元的教育基金。

第10届 1932 年洛杉矶奥运会

一丝不挂上拳台

四年一届的奥运会是每个参赛者运动生涯中最为重大的赛事，其激烈的比赛和紧张的气氛更不比平时，在竞争对抗中，异常紧张的情绪有时会导致运动员出现种种令人瞠目结舌的趣事，第十届美国洛杉矶奥运会的拳击场上就出现了这样一幕。

两名拳击运动员披着拳击袍精神抖擞地走上拳击台，站在拳台一角屏住呼吸等待着即将开始的生死搏斗。当裁判宣布比赛正式开始时，两名拳击手脱下身上的战袍准备开战，就在这一刹那，整个拳击馆如同炸开了锅一般喧闹起来，观众席上笑声、叫声一片，原来有一名拳击手面对如此重大的比赛，既兴奋又紧张，居然忘了穿裤子，而他自己浑然不觉，就这样直接披着战袍步入了拳击场。当他脱掉战袍后，便赤身裸体地亮相在拳击台上，在众目睽睽下一丝不挂地愣了好几秒钟才回过神来，羞得他赶紧披上拳击袍，跑出拳击场地。

好在运动员在赛场上更在意的是他所面对的比赛，这位失态的拳击手很快镇定下来，穿戴披挂停当，便又重返赛场，投入到激烈的对抗中去了。

中国奥运第一团长

　　1932 年 7 月 30 日，美国洛杉矶拉开了第 10 届奥运会的帷幕，可容纳 76000 名观众的主会场座无虚席。一队队身着不同服饰的、代表不同国家的体育代表队，在巨大的拱形门廊的映衬下，喜气洋洋走进体育场。前导旗下，又引来第 8 支队伍——中国体育代表团，共 6 人，排成 3 列，一一四制，整齐、鲜明。走在最前面的是中国唯一参赛的运动员刘长春，他手执国旗，气宇轩昂。2 米之后相随的，是中华全国体育协进会（即中国奥委会）总干事沈嗣良。

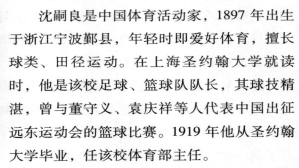

　　沈嗣良是中国体育活动家，1897 年出生于浙江宁波鄞县，年轻时即爱好体育，擅长球类、田径运动。在上海圣约翰大学就读时，他是该校足球、篮球队队长，其球技精湛，曾与董守义、袁庆祥等人代表中国出征远东运动会的篮球比赛。1919 年他从圣约翰大学毕业，任该校体育部主任。

　　1921 ~ 1923 年留学美国斯普林菲尔德学院和哥伦比亚大学体育系，获哥伦比亚大学教育管理硕士学位。回国后任圣约翰大学副校长兼教务主任。

　　1924 年参加中华全国体育协进会（1931 年国际奥委会承认其为中国奥委会）的创建，后被选为总干事。1925 年任第 7 届远东运动会中国代表团领队；1927 年第 8 届远东运动会在上海举行，沈嗣良是该届运动会的主要组织者，亲自担任总裁判。由于他卓越的组织才能，该届运动会取得了圆满成功。

　　由于沈嗣良既是中华全国体育协进会的总干事和圣约翰大学的校

长，曾留学美国，受到社会各界人士尊重，所以在第 10 届奥运会，担任了中国奥运会第一团长。

1936 年第 11 届奥运会在德国柏林举行。沈嗣良又作为中国体育代表团的总干事，带队参加奥运会。

伟大的友谊

在本届奥运会上，传出了这么一则"友谊第一，金牌第二"的佳话。美国选手谢尔和芬兰选手利蒂宁同时以 14 分 30 秒的成绩刷新了奥运会 5000 米的纪录。利蒂宁因以一胸之距比谢尔稍稍领先到达终点而被判作第一名，但观众对这场赛事颇有异议。

事情的经过是这样的：在最后一圈的直道上，两人非常接近，利蒂宁稍为领先，谢尔则奋力加快速度企图赶上。这时利蒂宁往右边礼让，没想到这反而挡住了谢尔的去路。接着谢尔又准备从他的左侧超前，殊不知利蒂宁转向左边避让，结果又挡住了谢尔。利蒂宁再让路时已经到了终点线。全场观众都认为利蒂宁赛风不好而痛加责骂，但谢尔本人坚定地认为对手不是有意阻挡他而是给他让路。为此裁判之间争论不休，延误了 24 小时后才颁奖，颁奖时，利蒂宁诚恳地请谢尔和他一起站到第 1 名的领奖台上，但谢尔坚决推让。最后两人互相交换了芬兰田径队和美国田径队的纪念章。这一场面感动了全场的观众。

第11届 1936 年柏林奥运会

消失的赛艇

一条名字叫做史蒂夫·雷德格雷夫的船，是杰克·贝雷斯福德（JackBeresford）的整个世界。杰克是 1920 年到 1936 年之间的英国赛艇名将，他曾连续 5 次在奥运会上赢得一共 3 枚金牌和 2 枚银牌。然而他至高无上的荣耀来自于柏林，在那儿他和迪克·索思伍德（Dick South-wood）合作，把德国赛艇队打得落花流水。

贝雷斯福德出生于一个划船世家，他的父亲朱利叶斯（Julius）是一个波兰家具制造商，是曾经在 1912 年奥运会上赢得银牌的 4 名英国队员之一。13 岁的杰克曾不得不在父亲喜爱的划船和自己热爱的橄榄球之间做出艰难的抉择。可是他想从事橄榄球职业的理想，因为第一次世界大战结束前几周的腿伤而破灭了，当时他效力于英格兰利物浦联队。接下来，他在康沃尔海滨划着橡皮艇做恢复性训练，并且入选英国代表队参加 1920 年在安特卫普举行的奥运会单人双桨赛艇比赛。当时，他差一点被美国的杰克·凯利（Jack Kelly）击败。经过激烈的竞争，他和凯利作为仅余的两名运动员，由于双方都精疲力竭而握手言和。4 年后贝雷斯福德在迷人的塞纳河上举行的单人双桨赛艇比赛中赢得了运动生涯中的首枚金牌。

贝雷斯福德一边经营家族的家具店，一边划船训练，他是在为以后的两届奥运会做积极的准备。在获得 1928 年第九届奥运会的一枚银牌和 1932 年四人无舵手划艇比赛的一枚金牌后，37 岁的他又踏上了前往柏林奥运会的旅途，这也是他个人最后一场奥运比赛。

贝雷斯福德想打破以前的纪录，他的同伴 30 岁的迪克·索思伍德是伦敦一个珠宝鉴赏家，也和他一样有迫切的期望。可是，他们的赛艇已经过时而且装备破旧，用这样一艘赛艇去挑战德国队极具威力且用现代技术装备的赛艇，就好像用鸡蛋碰石头。贝雷斯福德的赛艇，最大负荷仅为 11 英石（1 英石等于 14 磅），举个例子来说，1996 年亚特兰大奥运会时一名赛艇运动员的体重就超过 16 英石。好在英国赛艇队还有一手底牌。他们知道德国队非常信赖英国教练团的专业意见，于是教练之一的埃里克·费尔普斯（Eric Phelps）暗示英国队需要一艘轻型赛艇。这样，一艘新的轻型赛艇在一周内制造完成，并于测试后及时运往德国准备参加比赛。然而不可思议的是它在运输途中消失得无影无踪。

看上去所有的努力都白费了，而德国也拒绝再借给他们一艘赛艇。从表面上看值得庆幸的是，就在奥运会开幕前两天，神秘失踪的赛艇在汉堡附近的铁轨旁被发现了。由于怀疑其中有诈，贝雷斯福德和索思伍德认为德国队在准备预选赛时就已经在搞鬼了。英国队的二人组合最终在候补赛中获胜。

比赛的最后一天，贝雷斯福德和索思伍德在赛场上不可避免地遇见了德国队，不料赛前贝雷斯福德的比赛服被德国队拿走了，目的是拖延比赛。在要开赛的瞬间，索思伍德又注意到，比利时裁判高举扩音器准备发令开始比赛，却用巨大的扩音器挡住视线而没有看到全体参赛选手，也没有为德国队明显的犯规而叫停。赛艇出发后，英国队成功地打乱了德国队的计划，并且在第一个 500 米内与他们并肩前进。接着德国队令人敬畏的力量渐渐显露出来，他们轻松而平稳地前进并且领先了一段距离。英国队也没有放弃，而且在努力缩小与德国队的差距。通过 800 米赛程时，选手们开始坚定地做最后的冲刺。英国队一点一点地赶在德国队前面，贝雷斯福德和索思伍德终于第一个冲过终点而摘取了金牌。这时，他们已经用尽了全身的力气，停止划桨时已精疲力竭。贝雷斯福德在赛后说："那是我所参加的最甜美的比赛。"

退役后，贝雷斯福德在亨利·雷加塔担任教练，并因自己在赛艇事业上所作的贡献被授予勋章。70岁时，他在伯克郡的潘本试图救起一名落入泰晤士河的男孩，遗憾的是没有成功，那个男孩淹死了。这次事故的创伤给贝雷斯福德的健康带来很大的打击，他的一只眼睛失明，并于1977年死于泰晤士河畔的家中。

追兔子练出来的女飞人

斯蒂芬斯是美国女子短跑运动员。她在柏林奥运会上，获得女子100米赛跑和4×100米接力赛（她跑第4棒）两枚金牌。当记者问她是采用什么方法训练的，她却直言不讳地说："靠追兔子练出来的"。

斯蒂芬斯小时候很顽皮，上树、爬墙头是家常便饭。她最擅长的是到野外追野兔，野兔往哪里跑，她就往哪里追，追不上不罢休。当她获得冠军返回家乡时，家乡的人们在祝贺之余，向她开玩笑说，你应该去感谢那些野兔子，它们可是你的教练啊！

斯蒂芬斯参加第11届奥运会比赛时，刚满18岁，但她的身高却有1.80米。她是个身体强壮的姑娘，经常带着迷人的微笑，转战各地赛场，赢得观众的掌声。比赛时她跑步如飞、动作有力。1935年，她曾以11秒6创造过女子100米赛跑世界纪录；同年，她曾用10秒4跑完100码（1码等于0.9144米）和用23秒2跑完220码（直道）；1939年她还获得美国全国比赛的铅球和铁饼冠军。美联社在1950年评选20世纪前50年世界最佳运动员时，斯蒂芬斯被评为女子第10名。

但是，在斯蒂芬斯以11秒5打破瓦拉谢维奇保持的世界纪录之后，有人放出话来，这个纪录是男人创造的。当时由于缺乏可行的检查措施，国际奥委会的官员要求斯蒂芬斯证明自己是女性。出于无奈，这位18岁的大姑娘只得在裁判团面前脱了个精光，以求清白。最后裁判团一致判定斯蒂芬斯是女性，这场风波才告平息。

玩的不仅是心跳

26 岁的冯·旺根海姆是柏林奥运会上德国人最后的一抹霞光，他一波三折的比赛尽管让德国人心理备受跌宕起伏的熬煎，但最终他还是顽强地获到了一枚来之不易的金牌，为元首希特勒，也为东道国争回了一点面子。

冯·旺根海姆是马术比赛项目的选手。为了获取胜利，德国人着实下了很大的功夫，他们在一个特别仿照奥林匹克赛场建造的训练场上训练，并且大部分的规则都仿照开幕式的花式骑术表演赛。这个项目最艰难的地方就是第四道障碍——跨越"水池"。这个所谓的"水池"其实是一块极不平坦的地面，其中有深洞、浅滩、跨栏和水池，着实令人心惊胆战。

比赛如期开始了，冯·旺根海姆骑着他的库菲尔斯马，充满自信地接近栏杆和水池，但不知什么原因，那马却突然来个马失前蹄，猝不及防的冯·旺根海姆跟着栽了下来，所有人都"啊"的叫出了声。趴在地上的冯·旺根海姆显然是左臂受伤了——如果他起不来，那德国队就将被取消比赛资格。在大家期望的目光里，他艰难地站起来再次上了马！而后他咬紧牙关，成功地越过了剩下的 32 个障碍物，这个铁人完美无瑕的表现令人惊叹。他以卓绝的英勇和与伙伴团结协作的精神，使德国队有惊无险地进入第二天的比赛。

可能被冯·旺根海姆的顽强精神所打动，第二天，元首希特勒也来到了举行骑马跳跃障碍赛的露天体育场。按常理，受伤的冯·旺根海姆短期内不能再骑马了，但是这个"拼命三郎"将左臂打上吊带走进了体育场，比赛时他又不得不撤去吊带将手臂露了出来。在场的 10 万观众屏住了呼吸，默默地祝福他们的英雄否极泰来。可是，比赛瞬息万变，当冯·旺根海姆和他的马进入一个急转弯时，按理他应该全力地用双手勒住马，可他的左臂已经无法使上劲儿，就见他的马嘶叫着倒了下去，并且压在了可怜的冯·旺根海姆身上——德国队完了！人们捂住了眼睛，发出无奈地慨叹。但奇迹很快又发生了——在工作人员的帮助下坚强的冯·旺根海姆从地上爬起来，他又踉踉跄跄地骑在那匹刚刚站立起来的库菲尔斯马上！所有的人都不敢相信冯·旺根海姆又一次神奇地完成了剩下的所有动作。观众纷纷捂住自己的心脏——太刺激了，不行了，再这样下去我们就要去看心脏病医生啦！

由于冯·旺根海姆的顽强拼搏，德国队最终赢得了这枚宝贵的金牌，全场观众们都站起来为他喝彩，为勇敢顽强的德国马术队欢呼。

最长与最短的有趣组合

在中国参加柏林奥运会田径比赛的人当中，上海"神行太保"周余愚，与美国黑人运动员欧文斯的友谊，一直珍藏在中国人的心底。

周余愚出生上海书香门第，十分喜爱体育运动。每当"万国竞走锦标赛"比赛时，他总要赶到会场，偷偷地记住洋人的一招一式，然后自己发奋练习。万国竞走锦标赛从1904年至1916年的比赛，冠军都是洋人所得，面对这种情况，上海一些爱好长跑的青年，自费组织竞走队奋起对抗。1928年那届比赛，周余愚不负众望，终于从洋人的世袭领地里，首次夺得冠军奖杯，着实让中国人高兴了许久。

此后，他四年蝉联冠军，名震全国，成为家喻产晓的"神行太保"。

中国代表团出征柏林奥运会前，他是 69 名运动员中唯一保送入选的运动员。在柏林奥运会的练习场上训练时，欧文斯主动走到周余愚的跟前："你是日本人么？""我叫周余愚，中国人。"一口流利的英语让欧文斯惊讶万分。听说周余愚参加的是 50 公里的竞走，参加 100 米短跑比赛的欧文斯风趣地把两人比为"最长与最短的有趣组合"。

谈及希特勒推行的种族歧视政策，两位朋友惺惺相惜，欧文斯鼓励周余愚："我们都是有色人种，一定要在赛场上还击希特勒。"

路途上，20 多天的风浪颠簸，耗尽了周余愚大量的体力。在上海周余愚走惯了平地，奥运赛场上换成了坡道，成绩不尽如人意。周余愚虽然第 23 位抵达终点，但赛后，组委会慎重研究，决定给周余愚设一个只属于他的奖项："姿势优美奖"。他在赛场上高速而又优雅的走姿独一无二，连欧文斯也替朋友兴奋、骄傲。他奔向周余愚，一把搂住了他，"咔嚓"一声，相片留住了永恒的友谊。

希特勒拒绝为跳高冠军发奖

在柏林奥运会上，还有一位让希特勒坐立不安的英雄，他就是欧文斯的队友，被誉为"黑色珍珠"的科尼利厄斯·约翰逊。

8 月 2 日田径开赛，前 3 个项目赛完了，取胜的是两个德国人和一个芬兰人。希特勒边笑边洋洋得意地说："我认为，在这届奥运会上，世界上最优秀的人种日耳曼人将取得空前的胜利，其他白种人也可能获得金牌。至于那些有色人种，在德国的土地上是得不到金牌的！"

希特勒高兴得过早了。喧闹声中，跳高比赛即将开始，运动员纷纷入场。

科尼利厄斯·约翰逊走在运动员行列里，他皮肤黝黑，有着一张孩童般的脸。行家们都知道，科尼利厄斯是目前最有实力的选手。他 23 岁，来自美国洛杉矶。1932 年在洛杉矶奥运会上他崭露头角。几个月前，在纽约选拔赛上，他更是技惊四座，一跃跳过 2.08 米，把世界纪录提高了 10 厘米，所以人们预料他将获得跳高冠军。

面对喧闹的德国啦啦队，科尼利厄斯轻声告诉自己："冷静，相信自己的实力！"

横杆从 1.80 米开始升高，剩下的运动员越来越少，升到 1.97 米时，只剩下科尼利厄斯和包括一名德国选手在内的 4 个人。

希特勒紧张地坐在看台上，大声喊叫"加油"。眼看着德国选手 3 次试跳失败，他再也坐不住了，起身向跳高场地走去。

此时，尚未脱去长袖运动服的科尼利厄斯·约翰逊轻松地一跃而过。事实上，他已获得了跳高冠军。

希特勒来到裁判身边，不顾身份，大声指责道："比赛场地有积水，不符合要求，他的冠军不算！"

科尼利厄斯不懂德语，但从希特勒的手势和表情上他已明白了。他转身让裁判把横杆再升 6 厘米。

横杆升到了 2.08 米。科尼利厄斯缓缓地脱去运动服，他稳稳地看着前方，几步有力的助跑，一个优美的俯卧式，干脆、漂亮、潇洒，横杆纹丝不动。

成功了！

顷刻间，观众席上爆发出一阵喝彩声。希特勒气急败坏地对科尼利厄斯说："我不承认你的冠军，我拒绝为你发奖！"

奥运会是属于全人类的盛会，希特勒的独夫之言，并不代表一切。国际奥委会研究后认为，雨对场地影响不大，比赛成绩有效，并劝告希特勒作为奥运会的东道主，应对各国选手取得胜利表示祝贺，而不应过于计较种族和一国的利益。

随着美国国旗的冉冉升起，科尼利厄斯来到领奖台上，希特勒还是坚决拒绝为他发奖。最后，由国际奥委会主席把闪闪发光的金牌颁给了科尼利厄斯。

领奖后，科尼利厄斯便踏上了返程的海轮。海上的日出日落是无比美丽的，可他归心似箭，无心观赏。他期盼着海船抵港的那天，他企盼着把无限的心曲向同胞倾吐。

当船抵达科尼利厄斯的家乡洛杉矶时，码头上站满了欢迎的人，其中不少是和他朝夕相处的黑人兄弟。在他们的眼里，科尼利厄斯的胜利是全体黑人的胜利，他们热情欢迎这位黑人英雄的凯旋。

第二次世界大战爆发后，科尼利厄斯怀着对纳粹德国的无比憎恨，毅然放弃自己心爱的跳高运动，告别洒下过无数汗水的田径场，来到商船上当了名海员，为与德国交战的国家运送物资。他们一次次冒着生命危险，躲过德国和日本潜艇的袭击，胜利完成了任务。

在一次航行中，科尼利厄斯不幸得了疾病，船上没有医生，由于得不到及时的救治，这位跳高天才便匆匆地离开了人世。

一颗"黑色珍珠"陨落了，人们不禁黯然神伤，摇头叹息……但悲痛之余，人们记住了这位天才的名字——科尼利厄斯·约翰逊。

中国奥运第一裁判

柏林奥运男篮比赛，共有 21 个国家参加角逐，中国也派队参加。篮球创始人奈·史密斯应邀出席。

比赛是在室外举行，没有专门的场地，只是在一个网球运动场上支起篮球架，场地是一片沙土。8 月 7 日至 14 日进行预、复、决赛。

在比赛之前，国际篮球联合会首次在柏林召开会议，通过一条规则：禁止身高超过 1.90 米的球员参加比赛。这样，美国队就要失去 3 名身材高大的队员。美国队一听这种决定，火冒三丈，蹦得老高。他们闯到组委会，要求取消这条规定。组委会见这些美国人不是省油的灯，而篮球又是美国人发明的玩意儿，说也说不过他们，只得与国际篮联协商，最后取消了这一规定。

篮球比赛采用双循环制。为了公平竞争，谁上场执法，在决赛开赛前夕，才公布于众。

由谁执法奥运史上第一场篮球决赛呢？选来选去，篮联官员注意到中国舒鸿的名字，他是中国队的助理教练，在篮球预赛时，也执法过几场，表现不错。

美国、加拿大队员听说中国裁判执法决赛，顿时炸开了锅，都不同意此事，但两队教练却信任舒鸿。美国队教练杜平曾是舒鸿留美的同窗好友，他说："我了解舒鸿，他最合适。"加拿大的教练几天前见过舒鸿吹哨比赛，认为他"吹得相当公道"。

当篮联官员把"难题"交给史密斯博士时，他立即赞许："舒鸿是我的学生，我向你们保证，他是最合适的决赛裁判。"

舒鸿1895年生于浙江慈溪，1917年求学于上海圣约翰大学。1919年赴美留学。1923年毕业于斯普林菲尔德学院体育系。1925年回国，先后任大夏大学、东南大学、同济大学、交通大学和浙江大学教授。

柏林奥运会男篮决赛，在露天球场进行，观众达3000人左右。为支持舒鸿，中国体育代表团全体观战。

"曜！"比赛开始，大雨倾盆，把场地浇得一片泥泞。运动员在雨中你追我夺，球泡在水里根本无法运球。

舒鸿不但英语讲得十分流利，执法手势清楚，规则烂熟，双方犯规队员没有任何怨言，口服心服。上半场，美国队以15∶4领先。

下半场，雨越下越大，尽管舒鸿被打破近视眼镜，仍然反应敏捷秉公执法。在艰苦的条件下，美国队以19∶8夺得奥运会篮球赛首枚金牌。此后各届美国队一直保持领先优势，直到1972年第20届奥运会才金牌易主。

当时，上海的《申报》《新闻报》及天津的《大公报》都对这场比赛作了报道，宣传舒鸿"为国争光"。中国体育代表团随团记者冯有真报道说："舒氏抵德后，经大会篮球委员会聘为裁判员，屡次执法，铁面无私，目光犀利，赏罚分明，极得好评。故决赛一幕，特聘舒氏充任裁判，极为荣誉。"

第14届 1948 年伦敦奥运会

意外的胜利

在 1948 年的伦敦奥运会上的众多奖牌获得者之中，哈罗德·萨卡特（Harold Sakata）为美国赢得了一枚举重银牌。后来他在詹姆斯·邦德（James Bond）的电影（《金手指》中饰演凶恶的奥德（Odd）。游泳选手格丽塔·安徒生（Greta Andersen）对比赛肯定会有心情复杂的回忆。在赢得了 100 米自由泳的金牌后，这位 20 岁的选手在激烈的女子 400 米自由泳比赛中戏剧性地沉入了游泳池底。匈牙利的埃莱梅尔·绍特马里（Elemer Szathmarry）当下潜入水中，将安徒生的头托出水面，才发现比赛已经结束了。安徒生被抬到更衣室时仍无意识，所幸她很快就苏醒了。另外，美国的南希·李（Nancy Lees）在激烈的游泳比赛中出现了眩晕。

也许在 1948 年最不可能的奖牌获得者应该是匈牙利射击手卡罗伊·陶卡奇（Karoly Takacs），可是他却赢得了速射比赛的冠军。1910 年他出生在布达佩斯，20 世纪 30 年代时，就闻名于射击界并有"欧洲人"的称号。后来在 1938 年服兵役时，他作为一名士官参加训练，一枚劣质手榴弹在他的右手中爆炸了，那只他用来射击的手被炸得粉碎。

尽管他已成为残疾，但仍被允许留在军队中，看上去他的射击生涯就此结束了。在医院待了一个月以后，他驾车返回了军队并且坚定地用他的左手重新开始射击训练。虽然在那场事故前他从未用左手射击过，

但是陶卡奇刻苦练习，学会了用左手射击。很快他得以成功地证明自己的努力结果，在接下来的一年中，他获得匈牙利手枪射击锦标赛的冠军，并且作为国家队的一员在世界锦标赛中赢得了自动手枪比赛的冠军。

"二战"期间奥运会被迫暂停，他不得不等到 1948 年。那年他 38 岁，再一次在奥运会的舞台上展示了他刻苦训练的成果。在比赛开始之前，著名的世界冠军、世界纪录保持者阿根廷的卡洛斯·瓦利恩（Carlos EnriqueDiaz Saenz Valiente）问陶卡奇怎么会来到伦敦，陶卡奇回答说："我来学习。"以左手射击的陶卡奇最后以 9 环的成绩击败了阿根廷队赢得金牌，世界纪录是 10 环。在颁奖典礼中，瓦利恩转身对陶卡奇说："你已经学成了。"

4 年后在赫尔辛基，陶卡奇成功地超过了他的最好成绩，成为第一个连续两届赢得奥运速射比赛冠军的人，而实际上他是一个在如此严重的事故后重新站起来、并为运动生涯画上圆满句号的伟人。

连夺 4 金的女飞人

在本届奥运会上。荷兰女选手布兰克尔斯·科恩报名参加了 4 个项目。100 米赛中，她第一个到达终点，成绩是 11 秒 9。裁判形容她疾跑如飞，"荷兰女飞人"美称就是这样获得的。

在 80 米栏比赛中，由于思想紧张，科恩连发令枪声也没听到，直到对手跑出 1 米远后才奋起直追。最后和英国选手加德纳同时到达终点，成绩都是 11 秒 2。冠军谁属只好等待裁判裁决。突然乐队奏起了

英国国歌。她感到浑身无力。夺冠已经无望了。差不多也就是这个时候，加德纳跑来向她祝贺。一场虚惊过后才知原来乐曲是为了欢迎英女王莅临而演奏的。

之后，科恩又夺得了200米和4×100米接力赛的冠军，成为与柏林奥运会欧文斯齐名的人。

只有一位 "观众" 的体操比赛

体操从1896年列入奥运会比赛项目。项目的组合十分复杂，如1900年奥运会体操个人全能由双杠、单杠、吊环、鞍马、跳马、自由体操、跳远、跳高与跳远综合跳、撑竿跳、爬绳、50公斤举重等组成。从1924年奥运会开始，体操形成了现代竞技体操的基本项目。可是，在1949年以前，奥运会体操比赛没有统一规则，赛场上发生了一系列啼笑皆非的事情：

　　在第 14 届奥运会的体操比赛中几乎每个运动员做完动作后，裁判员都要因为评分悬殊而唇枪舌剑，争论不休，以至这届奥运会的体操大赛，变成了"裁判之战"。

　　每天下午体操比赛开始，一直拖到深夜还不能结束。别说运动员被弄得疲惫不堪，毫无最佳竞技状态可言，观众也是深恶痛绝，纷纷退席以示抗议。

　　一天深夜，体操比赛结束，只有一位忠实的观众，仍坐着托腮凝神，好像看得十分认真。正当工作人员打算上前看个究竟时，那个观众突然从座位上摔了下来。　"喂，你怎么啦?"好奇的工作人员问道。"哦! 抱歉，我睡着了，还梦到裁判员由唇枪舌剑变成了真刀真枪，所以一下子惊醒了。真可怕! 比赛结束了吗?"

第15届 1952年赫尔辛基奥运会

史上最野蛮的篮球队

如果评选历史上最野蛮的篮球队，1952年赫尔辛基奥运会上的乌拉圭篮球队应该属于最名符其实候选者。他们的球技虽不怎么样，但玩邪的、野的、阴的确属世界一流水平。对于他们的赫赫"武功"，我们不妨去了解一番。

7月29日，本届奥运会男子篮球小组循环赛开始，比赛双方是法国队和乌拉圭队。比赛已经到了最关键的时刻，法国队以66∶64领先，乌拉圭队试图追平比分。但是，当裁判员美国人韦恩桑特·法雷尔吹哨判定他们犯规时，乌拉圭人的希望破灭了。乌拉圭队的队员们不干了，他们从长凳上跳起来大骂裁判员，比赛被迫中断。5分钟后裁判员宣布是在球出手后犯规，2分有效。然而恢复平静不久局面就被打破了，法国人雅克·德瑟姆一记跳投，得分，比分变为68∶66。就在法国人得分的刹那，终场的哨声也响了起来。面对失败，愤怒的乌拉圭队员玩起了他们最擅长的看家本领，他们将不满和怨气送给了那个无辜的裁判，一个叫韦尔弗勒多·帕莱斯的乌拉圭队员一拳砸在法雷尔的眼睛上，使得他眼前金花四溅；另一队员卡洛斯·罗塞尔则更狠，他从后面卡住法雷尔的脖子，差点掐死美国人；法雷尔的腹部也不知被哪个飞侠踢了一脚——美国人立刻奄奄一息了。乌拉圭队打手型队员赫茨特·加尔恰·奥特罗觉得自己不能丢了这难得的机会，他冲进观众席，抬起大脚将一个法国球迷踢得飞起。整个局面就像一场惊险的武打片，最后众多的警察经过艰苦的努力，平息了这场骚乱。

组委会宣布打手帕莱斯和罗塞尔禁赛，可是乌拉圭队后继有人，他们继承了帕莱斯和罗塞尔的作风，继续勇猛地招呼对手，使得许多对手都领略了他们九阴白骨肘的厉害。3天后乌拉圭人与苏联队的比赛，刚到下半场3名苏联队员就抵不住乌拉圭大侠的凌厉攻势，不得不下场接受治疗。第二天，乌拉圭队与自己同属一个洲的阿根廷队争夺第三名，面对南美兄弟，乌拉圭人继续发挥武功的特长，有时还使用一些偷袭的绝技，到比赛结束时，乌拉圭队被裁判罚得只剩下4名队员，而阿根廷队仅有3名健康队员在场。不仅如此，还有续集，比赛结束后又有25名乌拉圭球迷，挺身而出替本国球队出头，险些使武打场面再现赫尔辛基街头。

总之，乌拉圭人经过一系列斩关夺将的武力拼杀，最后获得了一枚铜牌。

黑马杀出

谁是这场比赛的获胜者呢？赛前人们议论纷纷，很多人看好世界纪录保持者德国选手卢埃克。美国人罗伯特·麦克米伦好像也具有夺冠的实力，此外罗格·班尼斯特是后起之秀，年轻气盛，获胜潜力很大。至于那个来自小国卢森堡的叫约瑟夫·巴塞尔的人，谁都没听说过，虽然挤进了半决赛，但取胜的概率似乎微乎其微……

决赛终于在下午开始了。最有希望获胜的卢埃克果然不负众望，一直冲在最前面，近十万的热情观众地动山摇地为他呐喊、助威——离终点越来越近了……加油啊，德国人！就剩最后一个拐弯了，伟大的卢埃克眼看就要获得金牌了！——可是不知为什么，在离终点还有50码的地方，卢埃克突然重重地摔倒了！"爬起来啊，德国人！"哎呀，那个巴塞尔赶上来了，他超越了刚刚爬起的卢埃克，他冲刺、他撞线了！他胜利了，金牌是他的了！哎，他是哪国人？是卢森堡的？天啊，他是一匹黑马！他的成绩是 3 分 45.1 秒，亚军是美国的罗伯特·麦克米伦，倒霉的卢埃克只好位列第三了，罗格·班尼斯特是第四——人们长出了一口气。

那匹黑马现在怎么样了？

卢森堡人以快 3 秒的成绩打破了他自己最好成绩的纪录，他简直都不敢相信这一切——这不是做梦吧？巴塞尔激动地对媒体说："我没有马上接受胜利的准备，不管对于我本人，还是对于公众，这都是一个奇迹。我真是太幸福了！"

紧接着该是颁奖仪式：升国旗、奏国歌——坏了！由于组委会从来就没想过卢森堡这样小国的选手会获得冠军，他们竟然忘了向乐队提供卢森堡国歌的乐谱，这该怎么办？乐队的演奏家们也懵了！这可咋办？颁奖仪式马上就开始。演奏家不愧是演奏家，他们即兴演奏了一曲略像卢森堡国歌的曲子，兴奋中的冠军和惊诧中的观众居然没人听出来！终于应付过去了！演奏家和组委会的官员都赶忙擦去额头的汗水。

永久的比赛

按照惯例，奥委会主办国的元首要参加奥运会的开幕式并宣布奥运会开幕，而国际奥委会主席则应在闭幕式上讲话和宣布闭幕。在本届奥运会的闭幕式上，国际奥委会主席西格弗里德·埃德斯特隆发表了精彩的演说，但在演说结束时，却忘记说最重要的一句话："我宣布第 15 届奥林匹克运动会闭幕！"因此这届奥运会被认为仍未结束，被人们称为"永久性"的比赛。

走不是跑

竞走历来是一项富有争议而且最不寻常的运动，是一项虽有规则但非常难以实施的运动，裁判需详细观察来捕捉运动员运动过程中轻微的不符合规则的行为。运动员被提醒三次使用违规动作的话，则会收到一个具有重大意义的惩罚，就是被宣告强行退出比赛。从开始，每一名竞走运动员几乎都会有偶然的事件发生。

国际竞走规则规定，竞走是一步挨着一步走的运动，脚要始终保持与地面的接触。也就是说，后脚的脚指头没有离开地面时，前脚跟必须落到地面上，参赛者不允许双脚同时离开地面。然而，明确地解释什么是跑的脚步很困难，人们为此争论不休。结果在1952年赫尔辛基奥运会的男子10公里竞走比赛中，自相矛盾的言论和混淆的思维，成为该项目正常进行的障碍，就像是处理无法可依的特殊案件。

在这次竞走比赛的预赛和决赛中，超过7名运动员被取消了比赛资格，他们之中英国选手占一半以上。罗兰德·哈迪（Roland Hardy）是一位26岁的工程师，他在第一场预赛中位于第三名，却因被判犯规而退出赛场。后来他抱怨说："我不仅是惊讶，我赛前经过长时期的训练，基本掌握了要领。"而后，在第二场预赛中英国的洛尔·阿朗（Lol Allen）轻松地排在第五位，但在只剩下5圈就要完成全部赛程时，他被罚出赛场。英国的第三名队员乔治·科尔曼（George Coleman）是30岁的卢顿（Luton）汽车修理公司的机修工，他在预赛中获胜而赢得了参加决赛的机会。但是他也差一点由于双脚离开地面而被取消比赛资格，只是由于主裁判的调解而阻止了终点裁判取消其比赛资格的行为。乔治（GeorgeObergweger）反驳他们说："如果第三个英国人也将被取消比赛资格，我可能放弃整个比赛，而宣布这里没有比赛。"英国队的领队杰克（JackCrump）表示对终点裁判的"失望和不满"，他说道："我对科尔曼的被判罚感到震惊，那些没有被质疑的伟大的有风度的运动员们，应该是让人感到怀疑的。"

由于裁判的过度刻板，决赛趋于滑稽，裁判判定斯堪的纳维亚人取得胜利，也存在非常大的争议。特别是瑞士的弗里茨·施瓦布（FritzSchwab）和苏联的布鲁诺·容克（Bruno Junk）这两名竞走运动员在赛场上的滑稽表演。在比赛的最终阶段，施瓦布和容克被双双告知因犯规而取消比赛资格。但这两名运动员不理会裁判的判罚而跑过最后30米赛程，并全力推开或躲开追逐他们的裁判。裁判拼命地努力，想在他们俩到终点以前取消他们的比赛资格，因为所有的淘汰必须在比赛过程中发生。然而裁判最终未能及时追上他们，最终他们的第二名和第三名的成绩竟被承认而予以保留了。

从囚徒到奥运冠军

第15届奥运会上，有一位特别引人注目的体操明星，他就是获得4枚奥运会体操金牌的苏联运动员朱卡林。谁也没有想到，这位31岁的"老将"新秀，踏上奥运会神圣殿堂的征途充满难以想象的艰辛。

1921年，朱卡林生于乌克兰南部日丹诺夫的一个小城，小时候就十分好动，爱好各种各样的体育活动。他在体育场见到体操运动员的表演性比赛后，他与伙伴在自家的院子里，架起了一副单杠，经常跟邻居的小伙子们翻杠子。上中学后，他爱上了足球、游泳和田径等运动。后来他在冶金技术学校参加体操小组，接受正规的器械训练，并参加学校举行的体操比赛。以后，他考上了基辅体育中等技术学校。仅仅过了4年时间，他就成为一名体操健将。

朱卡林即将毕业了，他对未来充满着希望，充满着玫瑰般色彩的梦幻，可是严酷的现实，把他的希冀及梦想全部粉碎！

1941 年 6 月，希特勒匪徒入侵苏联，年轻的朱卡林响应祖国的号召，参军奔赴前线当了炮兵，投入捍卫祖国的血与火的战斗。

战争是残酷的，德国侵略者将苏联的国土变成了一片废墟，怒火满腔的朱卡林和战士们一起，冒着零下 40 多度的严寒，同侵略者展开了殊死的搏斗。

有一次，他们炮击敌人的阵地。在互射中，朱卡林身边的伙伴一个又一个英勇地倒了下去，殷红的鲜血染红了大地。可是，朱卡林并没有退缩，这位体操健将，身手矫健灵活，他把满腔的仇恨集中到炮弹上，狠狠地向凶恶的法西斯匪徒射击。后来，一块罪恶的弹片击中了他，等他醒来时已经成为法西斯匪帮的俘虏。

五星红旗在赫尔辛基飘扬

第 15 届奥运会一件引人注目的事是：中华人民共和国的五星红旗，也高高地飘扬在赫尔辛基的上空。

1951 年 3 月，体总筹委会从外交部获悉：芬兰政府期望我国能参加在赫尔辛基举行的第 15 届奥运会。次年 2 月 2 日，苏联驻华大使又紧急约见体总筹委会主任冯文彬，询问中国是否参加这届奥运会，以便决定苏方在这个问题上的立场。

冯文彬与有关方面商量之后，当天中午报告周总理。总理当即约见

冯文彬，又于 2 月 4 日，批发了体总致国际奥委会的电报。申请以唯一代表中国的体育组织的名义参加国际奥委会会议和赫尔辛基奥运会。2 月 5 日，中华人民共和国驻芬兰大使耿飚向国际奥委会秘书处转交了这个电报。

6 月 4 日，以中华全国体育总会主任冯文彬和国际奥委会委员董守义的名义，联名电告赫尔辛基奥运会组委会，中国决定参加本届奥运会。

自从中国几次发出电报，要求参加赫尔辛基奥运会，但直至运动会开幕时未见到任何邀请信函。周恩来总理立即指示外交部了解原因。原来国际奥委会领导人变更，美国的布伦戴奇成为新一任主席。

布伦戴奇虽然是个奥林匹克理想的鼓吹者，反对职业化、商业化对奥运会的侵蚀，反对政治对体育的干预，可他在上任之后，偏偏卷入政治的漩涡而不能自拔，又长期阻挠中国加入国际奥林匹克大家庭。

在赫尔辛基奥运会开幕的前 3 天，即 1952 年 7 月 16 日，在国际奥委会赫尔辛基全会上，布伦戴奇接替引退的埃德斯特朗，以 30 票对 17 票当选为第 5 任主席。

6 月 16 日，国际奥委会主席埃德斯特朗发表了一个《关于中国的公告》，称"现在中国的两个组织——台湾的一个，北京的一个——不得参加赫尔辛基的奥林匹克运动会"。

82 　第 15 届　1952 年赫尔辛基奥运会

7月5日，体总以体总副主席兼秘书长荣高棠和国际奥委会委员董守义的名义致电抗议。7月14日，已当选为中华全国体育总会委员的董守义复电国际奥委会，指出："中华全国体育总会（中国奥林匹克委员会），系由过去被国际奥委会承认之前中华全国体育协进会改组而成，是中华人民共和国的唯一合法的全国性业余体育组织……故国际奥委会丝毫没有理由讨论重新'承认中华全国体育总会的问题'。据此，如你给我满意的答复，即立即驱逐台湾国民党反动残余集团的体育组织，继续承认中华全国体育总会并接纳中华体育总会所派遣参加第15届奥林匹克运动会的运动员，我将与我们的运动员前往赫尔辛基。"

电文发出之后第3天，即7月17日，在赫尔辛基举行的国际奥委会第47届全会上，盛之白作为国际奥委会委员董守义的代表，列席了会议。在讨论中国问题时，盛被请进会场，回答了一些问题后退出会场。当时得知委员会以33票对20票推翻了执委会拒绝中国运动员参赛的决定，但仍然未能就中国代表权问题作出明确决定。

第15届奥运会开幕的前一天，即7月18日，赫尔辛基奥委会组委会主席冯·弗伦克尔同时向北京和台湾发出邀请电。这就可能出现大陆和台湾运动员同时出现在赫尔辛基的局面。当天，台湾代表郝更生在赫尔辛基发表了声明："为了抗议奥委会不合理决定，（台湾）代表队决定撤出世运大赛。"可是第15届奥运会开幕那天，郝更生又改口："我们的选手队是否要来，还没有最后确定。"

7月19日晚周总理就在有关文件上批示"要去"，并报告了毛泽东和刘少奇两位主席。两位主席均表示同意。但由于时间太紧，同时也为了避免出现"两个中国"同时出现在奥运会上的难堪场面，直到7月23日确信台湾不会派队参加时，全国体总才宣布：尽管为时已晚，中国还是决定参加第15届奥运会。

7月24日深夜，周总理接见了荣高棠总领队，黄中副总领队，董守义总指导和干事郝克强、牟作云、李凤楼等人。总理和大家热情握手，交代了到芬兰应注意的事项，并且指出：能冲破国际上某些人阻挠我国去参加奥运会，把五星红旗插到奥运会就是胜利！去迟了不是我们的责任。正式比赛赶不上，可多与芬兰的运动员进行比赛，积极参加友好的活动。

7月25日，中国体育代表团在团长荣高棠，副团长黄中、吴学谦的率领下，40人乘坐3架小型飞机，经过5天的颠簸，于29日上午8时，到达充满阳光的赫尔辛基。

中午，在奥运村中国代表团驻地举行了欢迎和升旗仪式。数百名记者，运动员和中国运动员一起，注视着鲜艳的五星红旗升起在赫尔辛基的上空，飘扬在奥运会各个赛场及大街小巷。

由于中国代表团到达时，各项比赛已近尾声，只有印尼归侨吴传玉赶上了男子百米仰泳预赛。但由于旅途晕机不适，加上赫尔辛基又正值白夜时期，到达当天未能充分休息，所以在第二天的比赛中吴传玉只得了小组第5，未能进入决赛。但是中国代表团与各国朋友进行了广泛友好的接触交流，足、篮球队还与芬兰国家队进行了友谊比赛。新中国第一次参加奥运会虽未取得成绩，但发扬了奥运会参赛比取胜更重要的精神，也掀开了中国争取在国际奥林匹克运动中合法代表权斗争的序幕。

分两半球举行的奥运会

1949年在罗马举行的第44届国际奥委会全会上，商讨了第16届奥运会的会址。当时提出申请的有墨尔本、布宜诺斯艾利斯、墨西哥城及6个美国城市。在进行第三轮投票时，墨西哥城及美国的6个城市已被淘汰，只剩墨尔本与布宜诺斯艾利斯两个城市进行角逐。最后，澳大利亚的墨尔本以一票之优势取得了主办权。

当时，在确定奥运会举办日程时，墨尔本提出放在1956年2月举行。因为处在南半球的墨尔本，2月才是夏季。可是国际奥委会考虑到

12月份是其他国家赛季结束之后的休整阶段，运动员的竞技状态处于低潮时期，所以最后拍板，决定于 11 月 22 日至 12 月 8 日为奥运会比赛日期。

1951 年国际奥委会维也纳会议时，墨尔本又突然提出，它不能在 1956 年奥运中列入按规定必须举行的马术项目。因为按照澳大利亚法律，牲口入境，必须经过 6 个月的隔离检疫。而马术比赛用的马，均是骑手自己携带并经过长期训练的马匹。若经过半年的隔离检疫，训练中断，骑手无法参赛。这样，本来对墨尔本奥运持异议者找到了口实，要求改变会址呼声日益增高。国际奥委会大伤脑筋，改变计划，对奥运发展不利；不改变吧。马术比赛眼看成为泡影。多次谈判，可澳政府不肯作丝毫让步。国际奥委会无可奈何，只得于 1953 年发表声明，取消本届奥运会的马术比赛，但遭到了一些国家的强烈反对。恰巧，1954 年在瑞典的斯德哥尔摩举行斯堪的纳维亚马术比赛，场地设备均可利用，因此，征得瑞典政府的同意，这届奥运会只得将马术比赛改在瑞典斯德哥尔摩进行，其余不变。这是奥运会史上一届奥运分在两洲举行的来历。马术比赛提前在 6 月 11 日至 17 日举行。参赛的有 29 个国家和地区的 158 名选手，瑞典获 3 枚金牌，德国联队获 2 金 2 银。这样，便创造了一届奥运会在不同时间分两国举行的纪录。

第16届 1956年墨尔本奥运会

金牌食谱

在 1956 年第 16 届奥运会前夕，美国举重大力士保罗·安德逊因为过于放纵饮食而使体重极度超重。为了在墨尔本的奥运会举重比赛上夺金牌，安德逊执行了一个艰难的节食计划，在 6 星期内，他的体重减轻了 27 公斤。

在这届奥运会重量级举重比赛中，安德逊与阿根廷选手塞尔维蒂同举起了 500 公斤的总重量，但塞尔维蒂体重是 143.3 公斤，而安德逊体重是 142.2 公斤，结果由于安德逊体重比塞尔维蒂轻 1.1 公斤。他荣获了这项比赛的金牌。所以，有人说安德逊这个节食的食谱是一个金牌食谱。

买入场券参加比赛的冠军

在本届奥运会的跳高比赛中，美国 19 岁的黑人选手杜马战胜所有对手获得冠军。可是，这枚金牌来之不易。因为当时跳高项目强手如林，而他在奥运会前的美国选拔赛上的成绩是勉强及格，美国队教练根本没有把他放在眼里。

当他参加跳高比赛时，竟然找不到领队和教练，运动场门口的看门人也不相信他竟然会是参赛的运动员，好说歹说都没有用，急得他无可奈何，只好自己买了一张门票才进去。入场后发现跳高比赛就要开始了，他顾不得再做准备活动，就投入了比赛。

最后，杜马以 2.12 米的成绩夺得冠军，并打破了世界纪录，一张入场券换来 1 枚金牌，传为体坛佳话。

总统当"红娘"

1956 年 11 月 30 日，奥运会的女子铁饼决赛正在紧张地进行。而该场地的下一个项目是男子链球决赛，男选手们已等在场边，一面做准备活地，一面欣赏姑娘们的表演。

在男选手行列中，有一个小伙子生得虎背熊腰，身高 1.85 米，体重超过 100 公斤，站在场边如一尊铁塔。他一边屈腿伸臂，一边左顾右盼，目光立即被场上一个红衣少女吸引住了。姑娘看上去不过 20 出头，细高的身材，一头美丽的金发，一双碧绿眼睛。小伙子细细地打量着她。啊，对比太鲜明啦！其余投掷的选手们大都 25 岁以上，生得腰肥体壮，浑身充满了力量。小伙子忽然想起了一个有趣的比喻，不禁笑出声来，这些壮妇多像一群南极的企鹅，而红衣少女真像企鹅中的白天鹅。他心中有些不平了：看来，投掷项目的规定不太合理，对选手的体重没有要求，应该像举重比赛那样有个体重级别的差别才公平合理，轻量级怎么能和重量级抗衡呢？

轮到红衣姑娘上场了，只见她拿起铁饼，弯了弯腰，一个漂亮的转身，轻舒粉臂，铁饼在空中划出一条漂亮的抛物线，超过其他所有人的标旗，稳稳落在 56 米以外。

姑娘笑了，她转过身，正好和小伙子惊讶的目光相遇，他看清了姑娘运动服上印着捷克斯洛伐克的字头。

几名实力雄厚的苏联选手开始向这一距离发起冲击，尽管她们每个人的体重都比姑娘重二分之一，却谁也没有能超过她，姑娘夺取了金牌。

轮到小伙子上场了，他几乎没有花什么力气，便力挫群雄，夺取链球金牌。

在领奖台边，刚刚拿到铁饼金牌的红衣姑娘，正好和前来领奖的小伙子相遇，小伙子以特有的直率说：

"对不起，小姐，如果你不介意的话，我想请你喝杯咖啡。"

红衣姑娘欣然同意。等小伙子领到金牌之后，两人走进一家咖啡馆。虽然是第一次相遇，但两人却一见如故。小伙子津津有味地谈起"天鹅与企鹅"的比喻姑娘咯咯地笑出声来，她不好意思地低下了头。

他们互相介绍了身世。

姑娘名叫奥·贝科托娃，今年 23 岁，生长在金色的布拉格。爸爸妈妈都是医生，从小父母就想把她培养为出色的医生，女儿却当了铁饼运动员，尽管父母不太喜欢专门从事体育，还是支持了女儿。贝科托娃虽然在捷克是全国冠军，可成绩却相当于奥运会第 6——只有 53 米。今天却交了好运，把成绩一下子提高了 4 米，真是不可思议。

"噢，因为她们用了一个人的力量，你除了自己之外，还有一个喜欢你的人在场边和你一起用力，自然远了几米啰，"小伙子不失时机地说。

小伙子名叫康诺利，是美国加利福尼亚人，从小酷爱链球，十几岁便在自己家门口的停车场练习投掷，白天因为停满了汽车，所以只有晚上才能训练。

有一天夜晚，汽车场只孤零零地停着一辆汽车，康诺利认为问题不大，远着哩。谁知，链球如长了翅膀那般，不偏不斜向这辆汽车飞去，正好砸在车顶上，把车顶砸了个大洞，父母只得赔偿损失。按理说，链球不是美国的强项，从 1924 年起，美国从未在奥运会上拿到过金牌，康诺利来到联邦德国，拜师求教，得到德国教练的真传，轻而易举地拿到全美冠军，又把奥运会的金牌挂到脖子上。

两人才相识几小时，他们谈得十分投机，告别的时候，双方已难舍难分了。

贝科托娃返回布拉格，就接到康诺利一封沉甸甸的信，信的末尾写了一句：

"假如我爱上一位异国姑娘，她和我同场获得了奥运会金牌，你说我该怎么办呢？"

十几天之后，康诺利收到贝科托娃的来信，信中只有一句话：

"假如你真的爱她，就请她嫁给你。"

康诺利欣喜若狂，两颗心终于连在一起了，立刻给贝科托娃复信，告诉她已经开始为婚事奔波。他向父母及朋友们谈起这段奇妙的爱情，获得一致赞成。记者闻讯赶来，很快各大报纸以头版报道一条消息，可当报纸送到布拉格的时候，贝科托娃还没有向父母启齿呢。

一天，父亲下班后就问女儿：

"听说你要嫁给美国佬？"

"是的。"

这消息对父母来说，是太突然了。虽然他们相信女儿的眼力，可捷克属于华沙条约国之一，处于和美国敌对的阵营，女儿偏偏爱上了"自由世界"的青年，是否有麻烦呢？如果女儿远嫁异国他乡，恐怕今后很难见到她了。

老夫妇开始做女儿的工作，叫她慎重考虑，不要胡思乱想，但女儿毫不动摇。

当贝科托娃向捷克方面提出结婚申请时，有关部门提出，结婚的先决条件康诺利必须到捷克定居。因为金牌姑娘远走他乡，会使捷克的体育成绩受到影响。

贝科托娃把此事告诉康诺利之后，康诺利也伤透了脑筋。虽然父母没有横加阻拦，但考虑到生活习惯、语言文化、社会制度等因素，也不同意儿子去捷克定居，此桩婚事搁浅了。

有一天，郁郁不欢的康诺利躺在床上，忽然他灵机一动，趴在桌上给美国总统艾森豪威尔写信，详细介绍了和贝科托娃的相恋和婚姻受阻的经过。艾森豪威尔读罢来信，因为康诺利是体坛风云人物，这桩婚事他也早已耳闻，便立即给捷克总统写信，邀请他共同担任"红娘"。至于在哪国定居，听取新郎新娘自己的意见。

这"球"踢到捷克总统那边，他权衡再三，忍痛割爱，同意他们结婚。

墨尔本奥运会的第二年，即 1957 年 3 月，这对奥运会的金牌情侣，终于在捷克布拉格举行了婚礼。4 万人参加了他们的婚礼，包括著名的运动员扎托倍克夫妇。两国总统代表分别向他们赠送了礼物，一些著名运动员也纷纷发来贺电，各国报刊把这次婚礼评为"本年度最佳婚礼"。

婚后，这对冠军夫妇去美国定居，后来他们代表美国参加了 4 次奥运会，康诺利又连续 9 次打破世界纪录，贝科托娃接连生下两双漂亮儿女。

他把金牌抛进了湖里

在 1956 年澳大利亚墨尔本奥运会上，苏联参加男子单人赛艇 2000米比赛的是年仅 18 岁的维亚切斯拉夫·伊万诺夫，在最后 200 米超越有"肌肉男"之称的本土选手斯图亚特·麦肯齐，以 8 分 02 秒 5 的优异成绩首先撞线，凭借超人的耐力和顽强拼搏的精神，夺得冠军。

颁奖仪式开始，伊万诺夫看到国旗随着苏联的国歌声冉冉升起，感到无比的激动、自豪。走下领奖台之后，他来到文多雷湖边，深情地吻着这枚来之不易的金牌。他在两岸观众的欢呼声中，把金牌抛向空中。

观众们为这个 18 岁的小伙子首夺金牌呐喊，欢呼声一浪高过一浪，金牌被他越抛越高，可是意想不到的事情发生了，金牌在下坠时角度偏斜，碰到他的手指甲，"嗤"地一下落入湖中……

在这一瞬间，伊万诺夫突然醒悟，"唰"地一下跃入湖中，潜水打

捞这枚宝贵的金牌。一次不行，他扎
个猛子再潜下湖底打捞；二次不行，
他又干第三次，尽管他不断地潜入水
中直到筋疲力竭，金牌还是没有捞着。
后来奥组委得到伊万诺夫丢失金牌的
消息，派了几名专职的潜水员与苏联
队教练和运动员一起下湖打捞，依然
一无所获。这个来自莫斯科的赛艇天
才，急得嚎啕大哭，他为年少轻狂付
出了最惨痛的代价。他的情绪一落千
丈，吃不下饭，睡不好觉，成天愁眉
苦脸。

　　国际奥委会官员得知情况后，不
忍心看到这位年轻的选手心情沮丧地返回祖国，便破例地仿制了一枚
"金牌"发给他。

　　1960 年和 1964 年的两次奥运会上，伊万诺夫在罗马和东京两度卫
冕该项目的冠军，成为奥运史上男子单人赛艇中唯一的三连冠选手。这
两次夺冠，伊万诺夫学乖了，他再也不敢把金牌抛向天空。

第17届 1960 年罗马奥运会

"丑小鸭" 蜕变成 "白天鹅"

美国姑娘威玛·鲁道夫的遭遇很让人同情，她是早产儿，出生时体重才2公斤。刚学会走路，又得了双侧肺炎和猩红热，因为高烧长时间不退，她不幸成了小儿麻痹症患者，她的童年时代上是在轮椅上度过的。她们家有22个孩子，她的父母也只能是粗放式养育这些孩子了，小鲁道夫能活着就不错了，谈其他的好像不太现实。物竞天择，适者生存，小鲁道夫可能对这句话理解得最深刻了。

老天饿不死瞎家雀儿。小鲁道夫居然没死，居然从轮椅中挣扎着站起来，居然来到奥运会上，居然又成了冠军，而且是三项田径赛的冠军！不看不知道，一看世界真奇妙！你问为啥会这样？哈哈，我当然还是知道一点的，下面就把我知道的告诉你吧——

自然又是一个不屈不饶地向命运挑战的、狠呆呆的故事啦——医生甚至悲观地断言鲁道夫一辈子无法步行，但是执拗的她绝不放弃，最后终于在家人和金属腿的帮助下，她慢慢地迈开了步伐。尔后她简直是疯狂地练习走路。9 岁的时候，她放弃了一直依赖的金属腿，独立行走了！12 岁的时候她可以有节奏地走路了，连医生都认为那是个奇迹。鲁道夫用自己坚强的意志赢得了自由，她决定跑步并参加了一场比赛，结果得了倒数第一。在后来很长时间的比赛里，她都是倒数第一。所有的人都劝她放弃，但是她仍然坚持。有时她会逃课在学校附近操场上跑步。跑到兴起，甚至跑上一整天。后来她就居然向附近的男孩子挑战，结果十之八九都是她占上风。扔掉金属腿 4 年之后，她应邀与著名的田纳西州立大学女子田径队一起受训了！

1960 年，第 17 届奥运会在罗马举行。20 岁的轮椅姑娘鲁道夫出现在短跑赛场上，但她决不是想象中苦大仇深的形象，而是体形修长、面容姣美，俨然如出水的芙蓉、亭亭玉立的水仙，使得许多田径专家顿生怜香惜玉之情。有人说，鲁道夫如果不搞体育，她完全有机会成为时装模特儿！不仅如此，赛场上的鲁道夫跑姿优美，动作协调，步幅大而轻松，再加上弹跳有力，速度惊人，简直就是一个"黑羚羊"！人们惊叹：看鲁道夫赛跑，简直是一种美的享受。这绝对是一版极好的"丑小鸭"蜕变"白天鹅"的故事。

不仅让"六宫粉黛无颜色"，鲁道夫还向人们证明了，她是世界上跑得最快的女孩。100 米短跑，她的成绩是 11 秒，是当仁不让的金牌，可惜因风速的原因，这个成绩未被确认为世界纪录。200 米跑，鲁道夫闲庭信步，轻松地以 24 秒的成绩获得第二枚金牌。"简直太有才了！"场上十几万的热情观众为她倾倒为她狂了。尔后的女子 4×100 米接力赛，美少女鲁道夫负责美国队最后一棒。在她"黑羚羊"般美丽的冲刺中，美国队以 44 秒 5 的成绩获得冠军。谁曾想到这个几乎成了人生弃儿、在轮椅上过活的姑娘，在高手林立、崇尚强者的奥运会上，她竟然一连夺得了 3 枚金牌！她用她的气度、风采、锲而不舍的精神证明了人所以为人的价值！

"我在轮椅上待烦了，出来到奥运会上玩玩不行吗？"成功后的鲁道夫当然没说出这样的话，但她的行动已经这样告诉了我们。你敢说不是！

跑道上的死亡事件

　　在自行车选手参加 100 公里团体比赛之前，一位官员喃喃自语地评论酷热的天气并预言说："我从来没有遇到过这种情况，热气从路面上散发出来，很多参赛者将无法适应这样的天气。"他的预言准确得令人心悸，因为就在这次比赛中，发生了自 1912 年以来第一次在奥运会赛场的死亡事件，世界各地的电视台相继进行了报道。

　　从奥运会举办权授予罗马的那一刻起，人们就一直对在罗马最为酷热的时间中进行比赛的可行性抱怀疑态度。但是这种担心却被忽略了，结果导致自行车运动员们必须忍受 34 摄氏度的酷热天气进行比赛。

　　在以前的奥运会上，个人公路赛的成绩决定团体比赛的结果，而在罗马奥运会上，单独设立了团体赛项目，路线为绕克里斯托罗科伦坡环行约 62 英里。来自不同国家的自行车队各出 4 名自行车运动员参加比赛，他们从同一起跑线同时出发，在行进中可以变换位置，官方记录的时间是当每支队伍的第三位选手到达的用时。

　　参加比赛的队伍中，要数丹麦队运气最差。比赛进行中，当时丹麦队处于第四位置，一名选手约恩·约恩森（JorgenJorgensen）因中暑而晕倒，不得不退出比赛。丹麦队少了一名选手，这给其他 3 名选手增加了压力，其中之一就是斯堪的纳维亚公路赛的冠军、23 岁的埃尼马克·詹森（Mark Jensen）。在接下来的赛程中，顶着炎热的烈日，在不断升高的气温中，疲惫的丹麦人用尽全部力气争夺奖牌。突然，当他们距离终点还有 13 英里时，詹森也晕倒了，他被担架抬了下去。尽管医生立即对他进行了抢救，但因詹森落地时撞碎了头颅骨，很快死在医院里。

当丹麦队的队员因为两名队友先后晕倒而咒骂该死的天气时，他们被另一个消息再次震撼了。检测结果表明：酷热的天气只是造成悲剧的部分原因，在比赛之前，詹森服用了一种叫罗纳考尔（Ronic01）的兴奋剂，是酷暑和兴奋剂的综合作用导致他毙命的。

第一个获得奥运会奖牌的中国人

男子十项全能竞争激烈。9 月 5 日和 6 日，世界田坛巨人经过激烈争夺，结果约翰逊获金牌，杨传广以 8334 分获银牌。这枚银牌是中国人有史以来在奥运会上获得的第一枚奖牌。

1933 年 7 月 10 日，杨传广生于台湾省台东县。他的父亲是一名棒球和田径运动员，曾获台东县 100 米和 200 米赛跑冠军，而他的母亲更是一名短跑健将。他有四个姐妹，平日里父亲经常带他们参加活动。杨传广对第一次和父亲一起跑步的情景记忆犹新。他说："那天我是拉着姐姐的手，跟着父亲来到体育场上的。那里已经有很多人在跑，父亲加入他们的行列，我也跟着父亲跑。我觉得将来我也会像父亲一样，感到很自豪。"

上学后，他热衷于校内的体育活动。但是由于身体素质差，他的体育成绩很差。尽管有他的父母作榜样，但是他无论如何努力，还是成绩平平，因而经常受到同学们的嘲笑。

不久，第二次世界大战的硝烟弥漫了台湾，为了躲避日本侵略者的炮火，杨传广全家迁移到了山区。对他们全家而言，山区不仅是一个环境优美的避难地，而且也是一个天然的运动场所。他们经常搞些狩猎、爬山等活动，既丰富了业余生活，又增强了身体素质。由于学校离家很远，每天上学要翻山越岭，久而久之，杨传广渐渐练成了健壮的体魄和一副铁脚板。

在中学里一场可怕的疟疾差点夺去他的生命。在父母和医生的细心照料下，杨传广终于从死神的阴影下解脱出来，但人却变得非常瘦弱。父母让杨传广每天坚持跑步。他的消化能力重新恢复正常，身体也开始强健起来，在学校运动会上常常名列前茅。

以后，杨传广从台东中学转学到台东农业职业学校，这是一所体育活动开展比较普遍的学校。一进学校，杨传广出色的运动才能便被教练看中，他被选入学校的棒球队。

1952 年，他在全省中学生运动会上，夺得跳高冠军。次年，他又以 6.85 米成绩获省运动会的跳远冠军。

1956 年，杨传广第一次参加第 16 届墨尔本奥运会。他以 6521 分的成绩创造了新的亚洲纪录，名列第 8。

16 届奥运会之后，杨传广进入美国加利福尼亚大学攻读体育，同时在著名教练德瑞克的指导下进行十项全能训练。几年刻苦训练，实力大增。1960 年初，在尤金田径比赛中，他与同窗约翰逊双双打破苏联库兹涅佐夫创造的 8357 分世界纪录。

罗马奥运会十项全能比赛开始，在第一项 100 米跑中，杨传广以 10 秒 7 名列首位，约翰逊名列第三。第二项跳远比赛，杨传广仍获单项第一。第三项是铅球，约翰逊跃居首位，杨传广退居第二，库茨涅佐夫紧随其后。第四项跳高，杨传广又获单项第一。到第一天最后一个单项 400 米结束后，约翰逊以 4647 分排在首位，杨传广以 55 分之差在后紧紧追赶，库茨涅佐夫被远远地甩在后面。比赛实际上成为约翰逊和杨传广之间的激烈角逐。

第二天，第一项是 110 米栏，这是杨传广的强项，首先告捷，积分一下子反超对手。这已是他第四次获单项第一了。第七项铁饼，第八项撑兰跳高，两人互有胜负，但约翰逊领先 24 分。接下来约翰逊在第九项标枪上又获胜。

最后一项是 1500 米跑，形势对约翰逊有利，他还领先 67 分。这个项目杨传广的最好成绩是 4 分 36 秒 9，约翰逊是 4 分 54 秒 2，如果杨传广竭尽全力拼搏的话，获得金牌是极有可能的。

比赛到了最后决定胜负的关键时刻，双方你追我赶，拼命冲刺，结果杨传广领先约翰逊 19 米到达终点，成绩为 4 分 48 秒 8，约翰逊的成绩是 4 分 49 秒 7。按成绩核算，如果杨传广想反败为胜，就必须在 1500 米中快约翰逊 10 秒。但最后核算下来，约翰逊 8392 分获金牌，杨传广以 58 分之差屈居第二。杨传广虽败犹荣，成为奥运会史上第一个夺得银牌的中国人。

在全场观众的热烈鼓掌声中，杨传广和约翰逊同登领奖台。尽管两者之间有冠亚军之分，但是不可否认，杨传广首先打破了欧美运动员垄断奥运会十项全能奖牌的局面，显示了亚洲人的力量，更重要的是，他为中华民族争得了荣誉。

救命的金牌

在 1960 年第 17 届奥运会上，埃塞俄比亚皇帝海尔·塞拉西一世的卫士贝基拉光着脚参加马拉松比赛，并以 2 小时 15 分 16 秒 2 的成绩打破奥运会记录而夺得金牌，为埃塞俄比亚建立了奇功，成为民族的英雄。后来，贝基拉参加了埃塞俄比亚皇家卫队发动的一次政变。政变失败后，海尔·塞拉西一世皇帝念在贝基拉得过奥运会冠军份上，决定不再追究他，这样，一枚奥运会金牌救了贝基拉的命。在 1964 年第 18 届奥运会上贝基拉再接再厉，以 2 小时 12 分 11 秒 2 的优异成绩再次夺得了马拉松冠军，成为奥运史上第一个蝉联马拉松金牌的人。

命运的嘲弄

罗马奥运会发生过一个幸运而悲哀的故事，主人公是维姆·依撒加斯（Wqm Essajas），他是第一个代表苏里南参加奥运会的运动员。令人遗憾的是，由于缺乏交际能力，他没有被告知男子 800 米比赛改在上午举行。早上醒来之后，维姆为准备比赛做了放松运动，然后慢悠悠地到达运动场，却被告知比赛已经结束了。结果维姆垂头丧气地空手回到了苏里南。

比利时的男子曲棍球队也同样被命运嘲弄了一番。在他们与法国队的比赛中，开始一段时间双方均无建树。这时法国队进攻，恰好场外一位巡逻的意大利警察为维持秩序而吹响哨子，比利时人以为这是裁判的哨子，本能地停了脚步，致使法国队攻进了整场比赛的唯一一个进球。在男子曲棍球运动项目上，印度队是当之无愧的霸主。他们在 32 年的奥运征程中连续夺得了 30 场胜利，共打进 197 球，仅失 8 球。可是在罗马赛场上他们遇到了颇难对付的巴基斯坦人，巴基斯坦人最后以 1∶0 战胜了印度，夺得了冠军。

罗马奥运会的摔跤比赛在麦森提斯的巴斯里卡举行，与 2000 多年前的古代奥运会地点相同。在摔跤比赛的半决赛中，苏联的阿夫塔蒂尔·科里泽遭遇了南斯拉夫的波拉尼斯拉夫·玛提诺维克。科里泽必须在玛提诺维克身上拿到足够的分数，才能进入决赛，与斯托亚诺夫争夺金牌，否则就与金牌无缘了。双方在比赛中陷入僵局，看起来任何一方都很难获胜，两个人抱在一起的时候，科里泽突然在对手耳边轻语了几句，然后发力把对手摔倒在地。

尤哥斯拉维和斯托亚诺夫在比赛中遇到了同样的情形，他也是在与斯托亚诺夫说话后被摔倒的。赛后斯托亚诺夫遭到谴责，国际业余摔跤联合会通过技术委员会展开调查，想要查出比赛是不是有"阴谋的嫌疑"。国际业余摔跤联合会的日本籍副主席治田一郎（Ichiro Hatta）指出斯托亚诺夫为夺取金牌确实使用了一些小伎俩。可斯托亚诺夫却坚持说自己赢得很干净，他强调说："在比赛要结束的时候对手显然很疲惫了，只要我想击倒对手，那就是很轻松的事。我确实在比赛过程中与对手说了几句话，这可能会引起一些误会，可我所说的不过是，'你既然已经输了，那就认了吧！'"

在采集了许多证据后，委员会对斯托亚诺夫的申诉不予采信，不过也没有采取进一步的惩罚措施。不可思议的是科里泽同样在比赛中与对手说话，却逃脱了谴责而顺理成章地为金牌而战。据说这是因为他通过正常程序击败了运气不好的玛提诺维克。科里泽和斯托亚诺夫在决赛中相遇，科里泽最终因为点数比对手少而输掉了这场比赛。

第18届 1964年东京奥运会

性别纷争日

近30年来，关于某些据称是女性的运动员的真实性别的话题风行一时。"性感女郎"米尔德丽德·迪德里克森（Mildred Didrikson）具有男子气概的外表曾经引发了一场舆论事件。无独有偶，在1936年的女子100米短跑决赛中，波兰短跑选手斯坦尼斯洛娃·瓦洛斯维奇（Stanislawa Walasiewicz）名列美国人海伦·斯蒂芬（Helen Stephens）之后，屈居亚军，她便暴躁地指控对手为一名男性。更令人大跌眼镜的是，这个波兰人随后更名为斯泰勒·沃尔什（stellaWalsh），加入了美

国国籍。如果人们对她细细端详，就可以看到她有着像男人一样长的腿和低沉的嗓音。怀疑很快被证实了。1980年俄亥俄州的克利夫兰郡发生一起持枪抢劫案，沃尔什无辜卷入其中并被击毙，验尸结果显示"她"为一名男性。

在1936年的奥运会上荣获女子跳高第四名的是一个18岁的德国人多拉·拉特延（Dola Ratjen）。21年后，多拉被揭露本名原为赫尔曼·拉特延（Hermarm Ratjen），这个年轻男子在纳粹少壮派运动官员的逼

迫下不得不束紧他的性器官，伪装成女子参加比赛。

1964 年的东京奥运会中，外形粗壮的埃瓦·克洛布克瓦斯嘉（Ewa Klobukowska）先是摘走了女子 100 米短跑的铜牌，之后又为波兰队摘得一枚金牌，并同伙伴一起打破了 4×100 米接力的世界纪录。3 年后，她被拒之于国际赛事门外，因为她的性别染色体检验不合格。她被检验出比女性多了一条染色体，根据奥运会的竞赛规定，她不能作为一名女性运动员参加比赛。她的队友仍然可以保留接力赛的金牌，可是由她们创造的世界纪录却被取消了。埃瓦·克洛布克瓦斯嘉就此项测验发表了自己的看法："我清楚自己的性别，能体会自己的感受，这对我来说是一件十分肮脏和无聊的事。"她参加的所有比赛的记录都作废了，她开始消沉下来。为了改变她双性的性别器官，她承受了一系列手术带来的痛苦。具有讽刺意味的是，当时的法令并不能阻止她参加比赛。

东京奥运会也开始怀疑苏联的传奇姐妹塔玛拉（Tamara）和伊林.普莱斯（Iring Press）。身材犹如克里姆林宫一样结实的姐姐塔玛拉继 1960 年赢得女子射击冠军之后，又将射击和铁饼两项金牌收入囊中。妹妹则在 1960 年的 80 米跨栏赛中力挫群芳，现在又在五项全能项目中摘冠。在她们的职业生涯中，普莱斯姐妹坐拥 23 项世界纪录的骄人成绩，但是由她们过于强壮的体魄而引发的流言也接踵而至。有人说她们被苏联官员注射了男性荷尔蒙，也有人说其实她们就是男性。流言仅仅中止于她们没有胡须。然而在 1968 年的奥运会实施性别测试之前，显赫一时的普莱斯姐妹忽然从国际赛事的舞台上消失了。

奥运会上的婚礼

在东京奥运会期间，曾进行了两起别开生面的婚礼。第一对伉俪是保加利亚女跳远运动员约戈娃（本届奥运会女子跳远第 6 名）和男子体操运动员布洛达诺夫，他们还特别邀请了当时的奥委会主席布伦戴奇当证婚人，婚礼气氛异常热烈。

两天以后，在英国运动员的住地又举行了更为热闹的订婚仪式，男方是英国著名短跑选手布拉依·杜埃尔，女方是本届奥运会女子 800 米冠军获得者安·巴克尔。新郎把自己在 4×400 米接力比赛中获得的银牌作为纪念品，送给了未婚妻巴克尔，女方则把自己刚刚夺来的奥运会金牌赠给新郎。

以上这两起婚礼在奥运会历史上是空前绝后的，使它成为当时东京报纸的头条新闻。

唯一的姐妹冠军

在上世纪 60 年代的罗马、东京奥运会上，苏联塔玛拉姐妹绽放出绚丽的光彩。

姐姐普雷斯，1937 年 5 月 10 日出生于乌克兰一个名叫雅科夫的小镇。两年后，妹妹伊里娜也在姐姐生日的那天降临人世。她们的父亲是一名身材魁梧、勇敢正直的出租汽车司机，母亲是个热情开朗、勤劳而富有幽默感的铁路职工。在德国法西斯发动的残酷战争中她们全家被迫撤到中亚的撒马尔罕。1942 年，她们的父亲参加了保卫列宁格勒的战斗，在敌机狂轰滥炸中浴血奋战，最后英勇牺牲。母亲和孩子们相依为命。母亲为了支援前线，打击德寇，工作十分辛苦，顾不得照顾两个孩子，姐妹俩走上了独立谋生的道路。

到了上学的年龄，由于学校离家较远，她们每天要走很远的路，经常迟到。姐妹俩商量以后，迎着冬天呼啸的寒风发疯似地爬上山冈，穿过茂密的灌木丛，踏着厚厚积雪向学校跑去。久而久之，她俩不但不迟到，反而增强了体质，也爱上了体育运动。普雷斯有一副好嗓子，她声音清脆嘹亮，和谐悦耳，但偏偏爱上了跑步、跳和力量型项目。妹妹伊里娜虽然也爱跑爱跳，但成绩都比姐姐逊色。

战争结束后，姐妹俩搬到了饱受战争创伤的列宁格勒，姐姐学习工程技术，妹妹学习铁路工程学。业余时间，她们都到阿历克山维奇创办的少体校锻炼。阿历克山维奇曾是苏联标枪纪录保持者，又是一个很出色的教育家。他培养了8个奥运会冠军、25个欧洲冠军。他的学生在"三铁"和跨栏、跳高等项目中，共创造过48次世界纪录。

普雷斯和伊里娜姐妹经过阿历克山维奇的严格训练，成绩直线上升。1956年，姐妹俩首次参加斯巴达克运动会，初露锋芒。但后来妹妹的成绩却老是上不去，教练终于发现伊里娜的才能在跨栏、铅球和铁饼上，于是下决心让她改练五项全能（100米栏、跳高、跳远、铅球、800米跑）。这一改，伊里娜脱颖而出，不久便成了同姐姐一样的优秀运动员。

1960年姐妹俩满怀信心地参加了的罗马奥运会。女子田径开赛，妹妹伊里娜力克群芳，首战告捷，以10秒8的成绩拿到了80米低栏的金牌；姐姐普雷斯不甘示弱，后来居上，在第二天以17.32米的成绩获得了铅球冠军，数天之后又以52.59米的成绩获得铁饼银牌，可谓战功赫赫。姐妹俩你追我赶，双双登上了领奖台。

4年之后，她俩已是过了25岁的大姑娘。这几乎到了田坛女运动员"挂靴""退休"年龄了，可是她们力图在第18届东京奥运会上卫冕。

1964年10月，在第18届东京奥运会。妹妹伊里娜还是像罗马奥运会那样，拔得头筹，以5246分的成绩，夺取首次列为奥运会比赛项目的女子五项全能金牌。姐姐普雷斯在祝贺妹妹取得胜利后的第二天，在她的拿手项目铅球和铁饼比赛中，分别以18.14米和57.27米，获得2枚金牌。

塔玛拉姐妹俩第二次登上奥运会的领奖台，引起了轰动。她们两次参加奥运会，一共获5枚金牌、1枚银牌，成为奥运会历史上的佳话。

值得一提的是，姐姐普雷斯除了获得3枚奥运会金牌之外，还在1958年、1962年分别获得欧洲铁饼和铅球冠军。她六创铅球世界纪录（17.25—18.59米），是突破17米大关和18米的大关第一个女子铅球运动员。她又六创铁饼世界纪录（57.15—59.70 米），最后一次创世界纪录是在 1965 年，那年她已是 28 岁。

塔玛拉姐妹俩后来双双离开运动场，一起领取了教育学证书，一起从事写作。她俩仍然形影不离，同住在莫斯科的一所公寓里。她们同一天生日，在两届奥运会共同登上领奖台上为国争光，"退休"后同时著书立说。

塔玛拉姐妹最自豪的是：她们是奥运会历史上唯一的同届冠军姐妹，也是同时获得教育学副博士学位的姐妹。

第 19 届 1968 年墨西哥奥运会

观众都是便衣警察

墨西哥奥运会前夕虽然到处可以看到欧美新款小汽车，可在这繁荣的背后却隐藏着诸多社会问题，其中最严重的便是人口问题。该城人口在 1900 年是 50 万，到 1950 年已达 300 万，至 1965 年则达 350 万。人口急剧膨胀，农业人口众多，可耕地匮乏，引发了民众的不满，成了社会动荡的暗流。

本届奥运会，墨西哥政府原想利用这个有利的契机，得到需要的投资，加速经济的发展，因此修建了 16 个综合体育设施和 27 个训练中心，建于 1952 年、占地 300 公顷的大学城体育场，经过扩建可容纳 10 万观众。它被用作本届奥运会的主场地。奥运村离市中心约 15 公里，占地 30 公顷，可安排 5000 人居住。所建的一批体育馆设计大胆、新颖，外形和结构别具匠心，有的好似乌龟背，有的好似大贝壳，气势恢宏，华丽巍峨。

可是政府对为奥运会和两年之后的世界杯足球赛所作的巨额投资，激怒了民众。大学生们首先涌上街头进行抗议，要求政府先解决严重的社会问题。学生们占领了国家大学，在那里搞演讲，声讨政府。为了保证奥运会不会受到学生运动的骚扰，墨西哥政府命令警察机构对奥运会采取异常严密的保安措施，并对示威学生采取高压对策，但收效不大。1968 年 10 月 2 日，也就是奥运会开幕的前 10 天，墨西哥警察和军队出动 22 辆卡车，14 辆装备了机枪的吉普车，还有坦克等，将近万名学生和参加抗议活动的人包围在国家大学，向正在进行游行示威的人群开枪射击。媒体报道说：至少有 267 人死亡，1200 人受伤。墨西哥当局向国际奥委会主席布伦戴奇保证：不会有任何事情阻止奥林匹克火炬在 10 月 12 日平安进入体育馆。

墨西哥城，终于迎来了从世界各地前来的客人。

在东道主的精心安排下，开幕式在哥伦布发现新大陆（1492 年）476 周年纪念 10 月 12 日上午 11 时举行。在 21 响礼炮声中，墨西哥 81 岁的总统奥尔达兹莅临大会。112 个代表队的人数多达 5531 人，其中女选手 781 人。美国队人数最多，达到 360 人；苏联次之，317 人。东道主墨西哥第三，277 人。两个德国从本届起第一次各自派队，分别参加奥运会。由于人数众多，入场式超过了预计的 42 分钟，达 1 个多小时。在开幕式上，体育场内除仪仗队外，看不到一个穿军装的士兵，但全世界媒体都报道说："开幕式的观众都是穿着便衣的墨西哥警察。"

这届奥运会被称为历史上"最黯淡失色的奥运会"。

30 年后，即 1998 年，当时的墨西哥内政部长，因下令镇压示威学生而被以"大屠杀"罪行起诉。

"东方羚羊" ——纪政

在墨西哥奥运会上，中国台湾省运动员纪政，如一颗明亮的新星闪烁在墨西哥城的天宇，在 80 米栏赛中以 10 秒 4 的成绩，夺取铜牌。这是中国巾帼在本届获得的唯一奖牌。

纪政有黑色的秀发，明亮的黑眼睛，修长的双腿，黄色的皮肤。她被称为"东方飞跃的羚羊"。

1944 年 3 月 15 日，纪政出生在我国台湾省西北部的新竹县。她是家中唯一的女孩，排行老三。自幼家境贫寒，童年留给她的不是欢乐。

3 岁时，父亲经商失败，离家外出谋生，只得把年幼的纪政送给别人当养女。

7 岁那年，养母领她走进了新竹师专附小的大门，可是一听那昂贵的学费，立刻又把她拖了回去。

养母的邻人吴金虎表示愿意替她代付学费，恳请纪政的养母无论如何也要送她上学。这样纪政才和吴金虎的女儿吴京成为一对知心同窗。

少年纪政的理想是当一名作家。但是在新竹师专附小时，她就显露了体育的天赋，每次沿着校园跑步时，她总是一马当先，被同学们戏称为"长脚鬼"。

1957 年，年仅 13 岁的纪政参加新竹县运动会，以 1.43 米成绩获得跳高冠军。次年，纪政代表新竹县参加台湾省田径赛。这是她生平第一次参加的大型比赛。比赛结果，喜忧各半。忧的是 100 米跑了倒数第一，喜的是在这次比赛中，她见到了仰慕已久的台湾田径名将杨传广。那么多人围着杨传广，谈笑风生，纪政痴痴地想，要是我变成杨传广有多好。后来，纪政那修长的身材、良好的素质蕴藏着运动才华，被台湾"田径之父"关颂声发现。为此，关颂声多次去她家，说服她父母，让纪政北上就读以体育闻名全省的励行中学。从此，纪政走上了通往冠军之路。

1960 年，纪政和杨传广参加了罗马第 17 届奥运会，但她默默无闻，未引起人们注意。1962 年，18 岁的纪政在台湾省获得 100 米、跳高和五项全能 3 枚金牌，引起美国著名教练瑞尔的关注，他感到纪政有超乎寻常的素质，是块可以造就的良材。瑞尔便对她加以悉心指点，纪政果然进步很快，打破了多项省田径纪录。瑞尔回国后写信给台湾的教育界负责人，建议让纪政到美国受训。于是，1963 年 2 月，纪政告别家乡赴美就学，在瑞尔教练的亲自指导下进行训练。

1964 年 7 月，纪政在加利福尼亚举行的南太平洋女子五项锦标赛中，以 4122 分获得金牌。在东京第 18 届奥运会上，她因腿伤，仅以 4142 分取得女子五项全能第 17 名。两个月后她在美国的第一次公开赛，刷新了自己的五项全能纪录，成绩为 4446 分。

1965 年 1 月，美国室内田径比赛季节揭开战幕。从未参加过室内比赛的纪政啼声初试，一鸣惊人，以 6 秒 6 的优异成绩，打破 50 码低栏的室内世界纪录。这是纪政一生中的第一个世界纪录，是继郑凤荣、杨传广之后，炎黄子孙在世界田坛上创造的第三个世界纪录，也是纪政步入国际田坛的先声。

纪政转战欧美大陆，连续参加 34 场比赛，她所向披靡，力挫群芳，名列榜首，保持不败纪录，从而震撼世界田坛。

纪政在曼谷运动会上因腿部受伤没有取得好成绩，一下子沉寂了好几年。直到 1968 年 10 月，第 19 届墨西哥奥运会之前，纪政还未恢复系统训练。当年 1 月，她的腿部敏感症并发又不得不中止训练。她悲痛、沮丧，吃不好、睡不着，身体素质急剧下降，由原先 55 公斤降至不足 43 公斤。

在瑞尔的精心指导下，纪政在 8 月以锐不可当之势复出，以 11 秒 2 的优异成绩平了女子 100 米世界纪录。她的 200 米、80 米低栏和五项全能达到世界优秀水平。

墨西哥奥运会是纪政第三次参加的奥运会。

奥运会 100 米预赛、复赛，纪政的成绩都相当出色。决赛时却碰上了大雨天，100 米只跑出 11 秒 5，屈居第七名。可是，纪政终于在 80 米低栏中得到了补偿，她以 10 秒 4 的成绩获得铜牌。这是中国女运动员在奥运会上夺取的第一枚奖牌：

1969 年，25 岁的纪政创造了女子 50 米栏 6 秒 5 的世界最好成绩，刮起了一股东方的旋风。

1970 年，26 岁的纪政一连串令人惊叹的成绩，使欧美体育界瞠目结舌，迎来世界田径运动的"纪政年"。当年 2 月，她在全美室内田径比赛中，夺得 100 米跑、100 米低栏和跳远 3 项冠军，这是该项目有史以来独得 3 枚金牌的第一个人。6 月 13 日，她在美国波特兰，以 11 秒的成绩打破了 100 米跑世界纪录，并创 220 米 22 秒 07 的世界纪录。

随后，纪政飞往英国伦敦，参加水晶宫国际田径锦标赛，她横扫参战的所有欧洲名将，获 100 米跑和 100 米栏双料冠军。

7 月 29 日，纪政在联邦德国柏林国际运动会上，神如风驰，形如脱兔，一举夺得 100 米跑、200 米跑和 200 米栏 3 块金牌。

8 月 2 日和 3 日，纪政再夺意大利埃赛纳第 10 届国际田径赛的 100 米、200 米跑和 100 米栏 3 项第一。不久，她在慕尼黑和维也纳大显神威，打破 200 米跑和 200 米栏的世界纪录，平 100 米跑世界纪录。

纪政一年内 6 破或平世界纪录的壮举震动了世界，各国报纸赞美她为"短跑女王"、"黄色闪电"、"世界女飞人"，"亚洲流星"。1971 年，法国权威体育杂志《运动》推选她为 1970 年世界"最佳运动员"。在 31 个国家主要体育杂志参加投票的评选 1970 年世界最佳男女运动员的活动中，纪政和球王贝利平分秋色。

第20届 1972 年慕尼黑奥运会

赛场外重获金牌

乌干达选手阿基·布阿在本届奥运会上，以优异的成绩夺得了 400 米栏的金牌，并打破了这个项目的世界纪录。

后来，在乌干达国内发生政变时，阿基·布阿在兵荒马乱中不慎把金牌丢失了。他为此十分遗憾，心痛不已。之后，他为原联邦德国一家名叫"彪马"的体育用品公司做广告，没想到，彪马公司利用这位奥运明星大大地赚了一笔钱。喜出望外的彪马公司为了奖励这位来自非洲的奥运英雄，特意为他制作了一块与奥运会金牌一模一样的奖牌发给了他，以示对他的安慰与感谢。

未列入报名册的冠军

前苏联女大学生柳·勃拉金娜，21 岁才开始练习中长跑。她当时患有慢性胸膜炎和结核病，因此最初的训练只是为了维持身体健康，并没有想当运动员的雄心，她自己后来也讲到："按照专家们的意见，我这个超龄运动员，属于锻炼身体的范围，像我这个纯属为健康而跑的人，真不忍心去浪费教练员的宝贵时间，尤其当我报名参加学校体育锻炼小组的测验时，由于 800 米成绩太差（2 分 30 秒），老师在考虑是否接收我的问题上十分为难，我当时也很不好意思。"但是，勃拉金娜意志顽强，训练刻苦，不仅健康状况大有好转，而且成绩不断提高。她大部分的训练都用到越野跑上，无论是刮风、下雨，从未间断过训练。她不顾闲话和耻笑，每天除了完成学习任务外，就是一个念头：跑、跑、跑！刻苦的训练终于向她发出了微笑，竟然连获 1968、1969 年和 1970 年全苏 3 公里越野跑的冠军。直到这时，她和教练才有了雄心，准备参加慕尼黑奥运会。

勃拉金娜在 1972 年 5 月苏联举行的奥运会选拔赛上，成绩平平，只跑了 4 分 30 秒 3，她落选了。可是事隔两个多月，7 月 18 日，勃拉金娜在莫斯科的一次比赛中出人意外地以 4 分 6 秒 9 的成绩打破了 4 分 9 秒 6 的世界纪录。她这一突出的成绩，使在场的苏联奥运会代表团有关负责人惊奇得目瞪口呆。距离，没错！秒表，没出问题！而世界纪录创造者竟不是奥运会代表团成员。好在苏联不像美国——全凭选拔赛定局。有关领导紧急磋商，即刻确定勃拉金娜去参加奥运会，并向慕尼黑补发报名单。这时离奥运会比赛只有 20 来天了，在这短短的日子

里，要给她一个人补办出国护照，又要给她单独量制入场式的礼服，这一下可忙坏了代表团的官员。只是代表团的总名单早已精印成册，无法补上勃拉金娜的名字，更无法刊登她的玉照。然而，正是这个名单上没有名字的"后来者"，在第 20 届奥运会上一鸣惊人，创造了惊人的奇

迹，在女子 1500 米这一项目的预、复、决 3 次比赛中，3 次打破世界纪录，而且成绩一次比一次好。在决赛中，她跑出了 4 分 1 秒 4 的成绩，把世界纪录大大提高了一步。勃拉金娜的变化实在太大了，短短的 4 个月，把自己的成绩提高了 28 秒 9，4 次打破世界纪录，从几乎不能入选参加奥运会到夺取奥运会金牌，简直叫人难以置信。而且，她并非昙花一现的人物，在运动场上称得起是只"长寿鸟"。1976 年，勃拉金娜已经 33 岁了，还创造了 8 分 27 秒 12 的 3 千米跑世界纪录。这是多年来许多汗水换来的结晶啊！勃拉金娜受到了人们的尊敬，成为苏联一名备受人们欢迎的体育明星。

参加奥运长跑的警察

1972 年，23 岁的芬兰警察维伦，继承前辈鲁米的遗风，精神抖擞地来到了慕尼黑。

维伦的第一个项目是 10000 米，跑在第 5 位的他突然被绊倒，但他镇定自若，仅用 3 秒钟爬起来继续比赛。这时，其他选手已把他甩下 15 米。他非常自信地追赶着，在 230 米之后，他已经追到第二位。领先位置几度易手，还有一圈半的时候，维伦开始施加压力，他的对手一个接着一个被甩到后面，最后维伦以领先第二名 6 米的优势赢得胜利，并且以 27 分 38 秒的成绩打破世界纪录。人们不能忘记他跌的那一跤，都说这个新纪录还多算了 3 秒呢。

10 天之后，维伦在 5000 米决赛中，他击败了来自突尼斯的穆哈迈德·加穆迪，成为长距离跑的双料冠军。

1976 年蒙特利尔奥运会，是维伦大放光华的一年。27 岁的维伦在 10000 米比赛中，他比上届奥运会轻松得多。葡萄牙的卡洛斯·洛佩斯始终保持领先，但维伦在离终点 450 米的时候超过了他，并最终赢了 30 米，以 27 分 40 秒 38 的成绩夺冠。

5000 米比赛可谓艰苦卓绝，尽管维伦在最后一圈时开始领先，但是前 6 位的选手首尾仅仅相隔 5 米。跑过最后一个弯道后，维伦击退新西兰的迪克·夸克斯强有力的竞争，赢得他的第 4 块金牌，成为奥运史上唯一蝉联 10000 米和 5000 米跑的金牌选手。

1980 年，已 31 岁的维伦第三次参加奥运会。在莫斯科奥运会 10000 米比赛中，获得第 5 名。由于肠胃不适，放弃了马拉松比赛。

有意思的是，维伦是国际田坛的一位充满传奇的神秘人物，他在 1972 - 1980 年 3 届奥运会期间，似乎在世界上消失了一般。人们根本无法打听到他的任何消息。原来，他为了专心训练，不受外界干扰，回到他的故乡——米尔斯基莱小镇。这个小镇只有 2500 人，四周都是茂密的森林，这是他训练的最好环境。

冬天，当白雪覆盖大地的时候，维伦到附近的公路上去练长跑。在奥运会间歇期间，他从不参加任何欧洲田径锦标赛、欧洲杯及世界杯田径大赛。这位警察像抓犯人那样，目标十分明确，他的全部训练都是针对四年一届的奥运会。

1980 年莫斯科奥运会之后，他宣布退役。

1972 年他被美国《田径新闻》和英国《田径周刊》评为"世界最佳田径运动员"；1974 和 1976 年，德国奥林匹克协会两次颁发给他"鲁米纪念奖"。

慕尼黑大屠杀

1972 年 9 月 5 日夜，人们带着慕尼黑奥运会的欢乐进入甜蜜的梦乡。慕尼黑入睡了，德国入睡了。自从奥运会开赛以来，各项赛事正在有条不紊地进行着。

凌晨 4 点 30 分，在距奥林匹克体育场仅几百米的奥林匹克选手村，8 名身着运动服的"黑九月"恐怖分子，翻进 2 米多高的奥运村围墙。几分钟后，便隐没在奥运村的一片丛林里。他们在一座旱桥下分了手，2 名恐怖分子径直穿过桥面，向 90 米之外的科隆利街 31 号一幢三层楼奔去。这座楼里住着以色列、中国香港、乌拉圭代表团的男运动员，而恐怖分子的目标是以色列人。另 6 名恐怖分子窜到桥下，从特大号桶形运动包里取出苏制卡拉什尼科夫 AK47 型冲锋枪。

在 6 名恐怖分子取枪的时候，2 名恐怖分子已穿过大楼前的隧道，从地下室侧门进入了 31 号楼。

一切像上百次演习的那样，恐怖分子闯入了以色列代表团居住的奥运村 31 号楼。以队教练发现情形不妙，试图挺身阻挡恐怖分子，结果被当场击毙。另一名闻声赶来的运动员也被当场击毙。31 号楼的枪声和骚乱，把住在附近的联邦德国以及民主德国代表团先后惊醒。目睹以色列队运动员纷纷跳出窗户夺路逃生，他们惊呆了。没等他们反应过来，9 名以色列运动员已被绑架！恐怖分子据守在奥运村 31 号楼，向国际社会提出：要求以色列释放在押的 200 名政治犯，并让他们安全离境。如果不满足上述要求，他们将每隔一小时处决一名人质！

百年奥运史上最令人震惊的一幕发生了。

面对突如其来的人质危机，方方面面的人们进入了高度紧张状态，并紧密磋商应急措施，以解决这一罕见的事件，避免不幸发生。

当住在市区高级酒店的国际奥委会和奥组委负责人，得知发生在奥运村里的恐怖事件时，已是 9 月 5 日清晨。听到噩耗时，他们惊呆了——谁都不曾想到，恐怖分子竟然把血腥暴行强加给了追求和平理想的奥运盛会！

短暂的惊愕过去之后，举办方几乎调动了所有力量来争取妥善解决。巴伐利亚州政府、慕尼黑警方以及联邦德国政府立即组成了事件处理小组，与国际奥委会、慕尼黑奥组委一起开始了十万火急的营救行动。一时间，慕尼黑、波恩、特拉维夫、开罗和突尼斯这几个关键城市之间，热线电话频繁不断。联邦德国政府承诺将尽一切努力，去保证人质的生命安全，并使其得到释放。为了赢得缓冲时间，以拯救 9 名人质的生命，阿拉伯各国政府建议，把人质及恐怖分子一起送往开罗。

而得到消息后，当时的以色列铁腕总理梅厄夫人，强硬地拒绝了恐怖分子要求释放在押政治犯的要求。恐怖分子针锋相对，拒绝了联邦德国危机处理小组和国际奥委会释放人质，以换取安全离开德国的条件。在双方强硬的僵持之中，无数解决方案被否决了。经过长达 20 小时的艰难谈判，恐怖分子终于同意带着人质去菲尔斯滕费尔德布鲁克机场，转往第三地继续谈判。危机事件处理小组决定趁恐怖分子登机之际，派狙击手将其逐个击毙。然而，营救计划没能成功。9 月 6 日凌晨，在经历了 24 小时痛苦与孤独的折磨之后，9 名以色列人质在枪战中全部被枪杀；而恐怖分子也被联邦德国特种部队击毙，直升飞机起火燃烧。

凌晨 3 时，巴伐利亚州的内务部长用沉痛的声音发表了令人震惊的消息：营救行动失败，5 名恐怖分子被打死。3 名被俘；1 名飞行员、1 名突击队员和 9 名以色列人质死亡。

9 名以色列运动员和教练员，在经受了 24 小时的痛苦之后，还是没有逃脱死亡的厄运。

当天上午，奥林匹克比赛全部停止，改为悼念活动。组委会将田径比赛的奥林匹克体育场建成了追悼会场，著名的慕尼黑歌剧院交响乐队为悼念活动演奏了贝多芬的《埃格蒙特序曲》。以色列代表团团长拉尔金在悼念仪式上发表了催人泪下的讲话：

"现在，我们必须带着自己遇难同胞的遗体回国了。但是，奥林匹克理想是永存的！我保证：我们将在四年之后前往蒙特利尔参加奥运会！"

9月7日上午9点45分，以色列特拉维夫机场。在《葬礼进行曲》严肃、庄重的旋律中，11名被杀的以色列人的棺柩从以色列航空公司的飞机上被抬了下来。棺柩上覆盖着蓝白两色以色列国旗。死者的亲属、朋友失声痛哭，扑向棺柩，人们向棺柩献上了一束束鲜花。全体以色列人都沉浸在痛苦的愤怒之中。

危急关头，国际奥委会主席布伦戴奇以铁腕作风作出了将慕尼黑奥运会继续进行下去的决定 "The Gamesmust goon（比赛必须继续进行）!" 这表明：奥林匹克运动也绝不会向恐怖主义分子的威胁屈服。

赛场上的 "马大哈"

1972年第20届慕尼黑奥运会男子百米的冠军被实力强劲的苏联选手博尔佐夫获得。本来美国队是和苏联人有一拼的，可是由于美国人自己"马大哈"——记错了复赛时间，几乎是轻易地就将金牌送给了苏联人。30多年过去了，现在说起来也是很可笑的。

帅哥飞人博尔佐夫是那个时代田坛的明星，他独霸短跑项目将近两年之久，所以在慕尼黑奥运会上，他普遍被看好是百米金牌的最佳人选。不过美国的两员小将艾得·哈特和瑞·罗宾逊也正处在上升势头，具有夺冠的实力，他们在国内奥运选拔赛上分别跑出9秒9的好成绩，尤其哈特被视为是对博尔佐夫最具挑战的选手。预赛在8月31日上午11点9分举行，参赛的三位美国选手都获得了复赛权，博尔佐夫当然顺利晋级。本轮成绩最好的是希腊人瓦斯里斯·帕帕葛里斯，照此势

头，希腊人得到一块奖牌当没
问题，可是他意外受了伤，只
有无奈地退出争夺。

复赛时间安排在当天下午
4 点 15 分，可当比赛时间快到
的时候，美国的三名选手都没
有出现在场上。最早发现这个
问题的是他们的同胞，上一届
墨西哥奥运会 400 米金牌得主李·艾文斯，他觉得有点奇怪。时间在慢
慢地逼近 4 点 15 分，可美国人还无影无踪，艾文斯感觉不妙立即飞快
地跑回两公里外的奥运村，招呼三位美国选手。可是美国人不在驻地。

原来就在几分钟前，三位美国选手哈特、罗宾逊和罗伯特·泰勒和
他们的教练，以为复赛的时间是在晚上 7 点，因此就有说有笑地离开宿
舍，准备到田径赛场去看看热闹。当他们来到奥运村大门旁公交站牌前
等巴士的时候，正好旁边电视墙上播放比赛画面，透过 ABC 的转播，
看到田径场上正在准备 100 米比赛。当时他们觉得有点奇怪，就问 ABC
转播人员画面上的比赛是不是录像重播，人家回答说："这是现场直
播。"仔细一想，可毁了！记错比赛的时间了！赶忙央求 ABC 转播工作
车把他们送过去，还不错，人家 ABC 转播车救火般地将他们送抵赛场。
可排在前两组比赛的哈特和罗宾逊已经错过了比赛的时间，被判弃权，
只有排在第 3 场的泰勒还能赶上比赛，他飞似地脱掉外套和长裤，穿上
鞋子就向起跑点冲过去，裁判已经准备鸣枪了。幸好泰勒有些实力，最
终他以第二名的成绩晋级准决赛。这样由于决赛时少了两位强有力美国
对手，苏联人博尔佐夫轻而易举地夺走了金牌，幸好美国的泰勒获得了
银牌，总算没让美国人空手而回，多少找回了点面子。铜牌被牙买加的
选手赢得。

第21届 1976 年蒙特利尔奥运会

作弊的器械

在蒙特利尔奥运会还未开始前，形势已陷入一片混乱之中。首先是奥运会的财政已从最初预算的 3.1 亿上升至令人吃惊的 15 亿之多。尽管此前这个城市的市长让·德拉波（Drapeau）公开允诺："这届奥运会不会发生赤字的情况，就像男人不可能怀孕一样。"其次是坦桑尼亚向其他非洲国家发出号召，如果组委会允许新西兰加入的话，他们将共同抵制该届奥运会。新西兰已惹怒了一些非洲国家，因为该国曾派橄榄球队去南非巡回访问，而南非仍在实行种族隔离政策。尽管橄榄球不是奥运会的比赛项目，但仍有 23 个国家开展此项运动。

本届奥运会的明星是 14 岁的罗马尼亚体操运动员纳迪娅·科马内奇（Nadia Comaneci），她作为苏联人奥尔加·科尔布特（OlgaKorbut）的接班人，迈着同她一样轻盈的步伐，以优美的动作、矫捷的身姿吸引了无数公众的目光。尽管开始发生了一些小问题，后来加拿大又面临财政窘境，可蒙特利尔奥运会自始至终顺利地进行着，除了在现代五项运动的击剑项目中发生了突发事件。

在击剑比赛中需要用极为复杂的电子设备记录击中数和接触数，这种设备是由一名疯狂的科学家发明的。每把剑上都装有一个弹簧尖，由纯金属连接起来，金属条置于剑刃中的沟槽内并连接到下面套着钟形警报器的托线盘。在向裁判示意准备好之前，击剑运动员要确认已将身上的金属线连到托线盘上。身上的金属线套在运动员上衣袖子内，从后背引出来，并在此处插上一条装有弹簧的金属卷。金属线从金属卷中连到计分桌上的指示器。一次有效攻击后，裁判器亮灯并发出鸣响。这套系统操作简便，但在蒙特利尔，一位著名的苏联击剑运动员却决定欺瞒裁判和对手。

红军少校奥尼先科（Onishenko）是来自乌克兰基辅的一位 38 岁的教师，他被誉为世界最著名的现代五项运动员之一。作为一名前世界冠军，他是一名国际级选手，并在慕尼黑奥运会上获得个人银牌。现代五项运动包括五项赛事——骑马、击剑、射击、游泳和跑步。该组赛事的第二项击剑比赛，按理说是奥尼先科最强的项目。在 1972 年获得团体金牌后，苏联期望能再次摘取桂冠。而在与英国选手阿德里安·帕克（Adrian Parker）同场竞技前，奥尼先科已是该项目的顶尖运动员。奥尼先科不仅在运动方面达到了顶尖水平，同时也被安排为苏联现代五项运动队下一任教练。因此，蒙特利尔奥运会将为他辉煌的运动员事业拉下帷幕。然而在接下来的那些天里，他却被逐出加拿大并被整个世界厌恶地冠以"不齿的奥尼先科"的称谓。

在标准的男子击剑项目中，击中对手 5 次就可获得胜利，而在现代五项的击剑项目中使用突然死亡法，即在每一回合中第一次有效击中对方就可获胜。理论上讲，这种规定使得在现代五项运动中极有可能发生腐败现象——这样说并非有人期望那些有声望的人去欺骗别人，尤其是发生在奥尼先科身上。

在乌克兰人想再次问鼎的道路上，帕克作为一名极有天分的击剑运动员，被视为最大的障碍。比赛中，他虽然没有被击中，而裁判灯却显示他已被有效击中，他完全有理由感到怨恨。英国老将吉姆·福克斯当时在旁观看比赛，确信帕克被误判了。福克斯是奥尼先科的下一个对手，当他同样在没被击中的情况下却被判有效击中后，他当即提出抗议。

福克斯刚刚提出质疑，深表懊悔的奥尼先科就承认没有击中对方，并主动要求换掉他使用的重剑。福克斯还认为是奥尼先科的重剑发生了短路，并要求详细检测控制设备。当裁判员圭多·马拉卡尔内

（GuidoMalacarne）要求奥尼先科交出他的重剑时，奥尼先科假装没有听懂并匆匆跑向队友，那里有准备好的器械。然而，马拉卡尔内更加怀疑奥尼先科的规避战术，正是从福克斯提出抗议的那一刻起，他就严密监视着那套有问题的装备，并适时地阻止它被换下场。其他苏联运动员递给奥尼先科没有问题的器械，而那把有争议的重剑被拿去检测。奥尼先科用另一把剑继续比赛，直到一条惊人的消息传出——他被取消参赛资格。一名官员将此描述为"厚颜无耻的欺骗"。原来，该装备用金属线连接一个隐蔽的电路按钮，这样奥尼先科就能用手引发电子计分系统，并随意取得有效击中的显示。随即国际击剑联合会规定，所有在蒙特利尔的参赛者的剑均须接受检查，每场比赛前还要再次检测。在比赛前，每个参赛队的器械保管员都要把即将使用的各种重剑、花剑、佩剑收到一起，然后送交检测委员会。

奥尼先科使用的违规器械极为复杂，以至于如果不拆开该装置，就无法查出问题。而奥尼先科立即对自己被取消参赛资格给予回应，他否认那把作弊的剑是自己的。可惜他忘了这把剑是为惯用左手的人准备的，在整个苏联队内，包括替补队员，奥尼先科是唯一一名左手队员。卡尔·施文德（Carl Schwende）作为申诉评委会的主席，发表声明拒绝奥尼先科的申诉："装备绝对被动过手脚。某些人以某种方式改装它后，就能在没有任何接触的情形下获取胜利。申诉评委会非常认真地听取了奥尼先科关于器械并非自己所有的解释，但我们认为他的解释不足以说服他人。"

除奥尼先科以外，其他苏联队员也被取消参赛资格，只是允许另外两名队员参加个人单项比赛。为避免这类丑闻再次发生，随后对该项比赛的规则进行了修正，可能藏有金属线或开关的把手被取消了。

尽管最后英国队获得了现代五项的团体金牌，吉姆·福克斯仍对奥尼先科事件表示难过。"他为什么会这样做？"福克斯向记者发问，"在过去的10年间，他曾是位了不起的运动员。他身上的压力越来越大，包括政治方面的压力。如今，人们会不顾一切地去获取胜利。奥尼先科期望被提升为中校，而这也是他获得金牌的最后一次机会。也许他太需要这块金牌了。可怜的老鲍利斯，如今他的生活完全被打乱了。"

随着奥尼先科的身败名裂，人们开始思索他已经欺骗了多久，因为很明显，他的击剑成绩在1970年左右突然提升。一位苏联队的官员说："这是令人极为伤心的事情，也许他所有的奖牌和荣誉都将被取消。"

这位失宠的击剑运动员没有在加拿大逗留。在被取消参赛资格后几小时内，他就匆匆离开了加拿大。在面临太多的尴尬问题前，他离开了媒体的视线。从此，没有人在苏联以外的国家见到过他。回到家乡后，他的确被收回了所有奖牌，并被迫离开军队。他有一位颇具影响力的叔叔，因此得以在基辅的一家大型游泳中心担任经理一职。他以后的生活笼罩在神秘之中。有很多谣言说，在1991年他被发现溺死于水池中，是克格勃的一次暗杀行动的受害者，还有些谣传说在那以后还有人曾与他通过电话。无论他的命运到底是怎样的，奥尼先科事件始终是击剑史上最黑暗的阴影。

竹篮打水一场空

为举办第21届奥运会，加拿大蒙特利尔市耗资巨大。除了对原有的体育场馆进行翻修改建外，又在距市中心3公里处的梅宗涅夫公园内，修建了奥林匹克中心体育场，高达19层的奥运村及其他10个场馆。还有能容纳7万观众的主体育场和占地1253平方米的赛车场。当时，加拿大正面临经济萧条，工人长期罢工，工程却一再延期，结果出现了严重赤字。为此，蒙特利尔市为奥运会大伤元

气。可惜的是，加拿大选手不争气，在奥运会上，一块金牌未得。

6 次参加奥运会的马术冠军

在蒙特利尔奥运会马术比赛中，联邦德国有个名叫汉·文克勒尔的老头，特别引人注意，这是他第 6 次参加奥运会并度过了 50 岁的生日，为联邦德国队获得了团体银牌。

马术在 1900 年巴黎奥运会上，已被列为正式比赛项目。造就了一大批摘得世界大赛桂冠的选手，汉·文克勒尔的大名，当然列在奥运会的史册上。

文克勒尔出生于 1926 年，他技艺高超，性格倔强是一位超龄而富有挑战性的老运动员。

1956 年，他第 1 次参加第 16 届奥运会，获个人马术障碍比赛金牌、团体金牌。

1960 年，他第 2 次参加了在罗马举行的奥运会，获马术障碍比赛团体金牌。

1964 年，他第 3 次参加了在东京举办的奥运会，又获马术障碍团体比赛金牌。

1968 年，他第 4 次参加了在墨西哥举行的奥运会，获得 1 枚铜牌。

1972 年，他第 5 次参加了在故乡举办的第 20 届奥运会，获马术障碍比赛团体金牌。在奥运会比赛之前，有些骑手认为文克勒尔已老了．阻挠他参加奥运会，但坚强的文克勒尔仍以事实证明，他还是最优秀的骑手。这样他 5 届奥运会上，总共获得 5 枚金牌，其中蝉联 3 届团体冠军：

1976 年，他第 6 次参加在蒙特利尔举行的奥运会，他宝刀不老，雄风犹在，获得团体银牌，人称他"马术不老松"。

联邦德国为了表彰这位"马术不老松"，奖给他一个用奥林匹克五环装饰的纪念品，中间有一个很大的"6"字，表示他 6 次参加奥运会的传奇经历。

第22届 1980年莫斯科奥运会

五花八门的开幕式

由于苏军在1979年入侵阿富汗，公开抵制参加奥运会的有66个奥委会，占国际奥委会承认的国家地区奥委会五分之二，使参赛国家只有81个。这是1960年罗马奥运会以来的最低数字。

有趣的是，这场广泛的抵制运动，迫使国际奥委会修改了规定，即可以使用国家奥委会的旗帜，如果国家奥委会没有旗帜。可以使用国际奥委会正式旗帜，除了旗手以外，不要求任何人列队出席开幕式和闭幕式。在授奖仪式上，就可以不奏国歌，代之奏奥林匹克之歌。

这种稀奇古怪的方案定下之后，在莫斯科赛场也得到了最大限度的实施。7月19日，火炬手——苏联的三级跳远冠军维克多·萨涅耶夫在中央体育场绕场一周之后，把火炬交给苏联篮球名将谢尔盖·别洛夫点燃了塔上的火焰，揭开了第22届奥运会的序幕。

首先进入大运动场的是穿着古希腊服装的姑娘，由高头大马拉着古希腊的战车，车上装饰着奥林匹克的旗帜。

分列式入场仍然以希腊为专导，但是紧跟着的澳大利亚队举的不是该国的国旗，而是奥林匹克五环旗。本届入场式有 16 个国家只举奥林匹克五环旗，有 10 个国家的代表队入场的只有 1 名代表走在奥林匹克旗子的后面，这就使得入场式显得有些冷清，与上届蒙特利尔奥运会根本无法相比。当以这种方式使东道主难堪的英国、法国、意大利、荷兰、比利时、卢森堡、丹麦、葡萄牙、爱尔兰、西班牙、瑞士、圣马力诺入场时，苏联电视台把镜头一晃而过，因为苏联人不希望把这些尴尬的场面裸露在世人面前。当西班牙队手持奥委会旗入场时，新当选的国际奥委会主席萨马兰奇在该队走过主席台时站了起来……

妻子训练出来的冠军

在 1980 年第 22 届莫斯科奥运会上，28 岁的英国选手阿·弗尔斯接连夺得男子 100 米短跑金牌和 200 米短跑银牌。他双臂像抽水机一样有力摆动的姿势，在当时引起轰动，也引起田径专家们的重视。特别使人感兴趣的是，他是由他妻子训练出来的冠军。

弗尔斯 6 岁开始参加体育运动，17 岁致力于田径，主要练跳远。1972 年他 20 岁时跳远成绩达到 3.732 米，但自此以后的 4 年里毫无长进，反而有所下降。1975 年他改练 400 米跑，仍未取得好成绩。在妻子为他教练以前，弗尔斯差不多灰心失望了。

弗尔斯的妻子马戈特雷是一名具有国际水平的短跑运动员，她发现丈夫具有短跑的才能，就劝他改攻短跑，弗尔斯接受了妻子的建议，并拜她为师。

马戈特雷对丈夫要求很严格，她的训练方法也很独特。她在一座结冰的停车场内配备了轻型肌肉力量训练器材，包括瑞典肋木、实心球和一般用来训练拳击手挥臂速度的拳球（弹簧吊球）。她用拳球训练短跑运动员的训练方法，遭到许多人的嘲笑。然而，马戈特雷不理这些人的冷嘲热讽，坚持用自己的一套方法训练丈夫。结果，马戈特雷胜利了。

她笑在最后，笑得最开心。赛后，马戈特雷说："人不光是用腿跑，而是用整个身体来跑。"

倒彩声中夺金牌

1980 年 7 月 30 日，莫斯科奥运会的撑竿跳高决赛横杆已升到 5.70 米，当波兰选手科扎基耶维奇试跳时，观众大嘘，大叫，喝倒彩，有的还跺脚，而沉着的科扎基耶维奇以稳健地起跳腾身越过横杆，其他选手在这高度上相继失败，只有苏联选手沃尔科夫把剩下的一次试跳留到下一个高度，准备孤注一掷。横杆升到 5.75 米，科扎基耶维奇以他的镇定、勇敢又越过了这个高度。然而苏联选手沃尔科夫虽有几万人的助威加油，但仍然失败了。科扎基耶维奇在夺得金牌之后，再接再厉，又创造了 5.78 米撑竿跳高世界纪录。

第 23 届 1984 年洛杉矶奥运会

五花八门的热身活动

观看 23 届奥运会举重比赛的观众，不仅能欣赏到举重健儿在举重台上激烈角逐的雄姿，而且还能看到他们在试举前进行的五花八门的热身准备活动。有的运动员静坐不动，口中念念有词；有的大声吼叫；有的则一动不动地紧紧盯着杠铃；有的反复搓双手；最奇特的要数参加 56 公斤级的日本 23 岁举重选手正辰永积，大概是为了提高兴奋性，他每次试举之前都像体操运动员一样，在举重台上认真地做一个后空翻，引得观众哄堂大笑。最后，他虽然只获得了该项第 4 名，但是仍赢得了全场观众的热烈掌声。

金牌赠予恩师遗孀

本届奥运会上，卡尔·刘易斯以一人夺得 4 枚金牌（100 米、200 米、跳远、4×100 米接力），终于实现了成为像欧文斯一样的奥运英雄的愿望。他把其中一枚金牌送给了欧文斯的遗孀，以表示对欧文斯的尊敬，另外 3 枚金牌送给了自己的父母，以报养育之恩。原来，刘易斯在 12 岁时，曾经获得过纪念欧文斯田径比赛少年组的跳远冠军，还得到过欧文斯的亲自指导。

其实，1982 年刘易斯的百米和跳远成绩都排名世界第一，他因此获得了"杰西·欧文斯奖"。1983 年在第一届世界田径锦标赛上，他勇夺 100 米、跳远、4×100 米接力的 3 枚金牌，成为世锦赛的头号英雄。后来，他又在 1988 年第 24 届奥运会摘得 100 米和跳远的金牌，在 1992 年第 25 届奥运会上获得跳远、4×100 米接力的两枚金牌。1996 年，35 岁的刘易斯在第 26 届奥运会上再次获得跳远金牌，成为第一个连续获得四届奥运会跳远金牌的运动员。

刘易斯的短跑技术与跳远技术堪称典范，看他赛跑是一种美的享受。他的跑步动作协调放松，他往往在后程 70 米处开始加速，十分自信并有把握地超过对手。正因如此，他共创造了 13 次室内外世界纪录，获得 9 枚奥运会金牌，多次被评为"世界最佳运动员"。

被判出局却得了铜牌

1984 年，第 23 届奥运会的拳击比赛，出了一件怪事：伊万德·霍利菲尔德在入围半决赛的过程中他击败了所有对手。然而裁判的不公平判罚以及有争议的裁定，却在东道主的本土上制造了一个奇闻。

在第一场半决赛中，南斯拉夫的安东·乔西波维克轻松地击败了阿尔及利亚的马斯塔弗－莫萨。体育场内 11000 名观众等着霍利菲尔德和巴里之间的第二场半决赛。因为观众知道，霍利菲尔德是最优秀的选手，他最有可能成为该级别的金牌得主。南斯拉夫的格里戈里杰·诺维西克担任主裁判。行动笨拙的巴里从一开始就不敌对手，无奈只能抱着霍利菲尔德的脖子，他试图破坏这个灵巧的美国人的高超技艺的发挥，却一次次被霍利菲尔德击倒。当哨声催促着巴里从暂缓中再次站立起来的时候，霍利菲尔德基本上已赢得开局，5 个裁判都判他得分。在第二局的比赛中，裁判诺维西克已经几次警告巴里犯规，最后判这个新西兰人两张黄牌，使得他的分数又被倒扣了两分。

在这局比赛还有 5 秒钟就结束的时候，巴里还抱着对方。裁判命令两人分开并大喊"停！"但是霍利菲尔德不但没有停下来，反而用一个重重的左勾拳打在巴里的头上，将他打翻在地。当巴里倒下的那一刻，裁判立即转向霍利菲尔德让他站到拳击台的一角，并宣布比赛结束。观众非常激动，认为停止比赛是因为巴里在数 8 个数后虽然站起来但根本不能再比赛了。令人吃惊的是裁判宣布：霍利菲尔德被取消比赛资格，因为在裁判命令比赛停止的时候他还出拳。整个赛场又一次变得愤怒起来。观众把纸杯、纸团和喝饮料要加的冰块雨点般向拳击台掷过来，保卫人员立刻上来维持治安。

霍利菲尔德对裁判的决定感到惊讶和不解，巴里也羞怯不安，步伐沉重地走到对手身边，非常绅士地举起了霍利菲尔德的手臂。

美国业余拳击组织立即向裁判提出了正式的抗议，但裁判认为决定是无法更改的。霍利菲尔德只能接受被取消比赛资格。

医生检查后认定巴里的头部受到了重击致使他一个月不能参加比赛，金牌就自然落到了不战而胜的前南斯拉夫人乔西波维克的头上，由于那位南斯拉夫裁判的干预促使金牌稳落南斯拉夫拳击手的囊中。

在正常情况下，霍利菲尔德被取消比赛资格后不应再得奖牌，但是鉴于巴里"违反比赛规则"，小组还是破例颁发给霍和菲尔德一块铜牌。这一决定带有折中的意味。

霍利菲尔德的不幸遭遇反而使他成为观众最欢迎的明星。从那以后他就不断进步，成为拳击历史上最了不起的世界重量级拳王，并称霸拳坛多年，战胜过无数声名显赫的拳击手，包括大名鼎鼎的泰森。当然人们也没有忘记他被泰森咬下耳朵的事情。

《三大纪律八项注意》 旋律回荡洛杉矶

1984 年 7 月 28 日，美国洛杉矶一阵教堂清脆嘹亮的钟声响过之后，洛杉矶体育场的鼓号手们，奏起了本届奥运会的主体音乐。随后，五架飞机腾空而起，在加利福尼亚上空，用彩色烟雾组成"欢迎"的字样。

当中华人民共和国由 225 人组成的体育代表团在《三大纪律、八项注意》的乐曲声中，踏着整齐的步伐走进体育场时，9 万名观众自发起立欢呼鼓掌，场面极为壮观。

大会乐队曾两次奏起了《三大纪律、八项注意》的乐曲，这是海内外的中华儿女和国际友人极为关注的事情，因为这首古军歌的来龙去脉和祖国的统一是紧密相联的。1895 年，大清帝国新式陆军开始在天津小站编练，他们决定放弃武术，请德国人担任部队的军操教练。清兵们高唱着用普鲁士军歌（《德皇威廉练兵曲》曲调填词的《大帅练兵歌》操练"兵式体操"。士兵们在歌中唱道：

> 朝廷欲将太平大局保
> 大帅统领遵旨练新操
> 第一立志要把君恩报
> 第二功课要靠官长教

到北伐时，北伐的国民革命军重新填词，定名为《国民革命军歌》。朱德、贺龙领导的北伐军起义后，这首歌曲被带到红色革命根据地井冈山。随着中国工农红军的建立，改了歌词，这就是传唱至今的《三

大纪律八项注意》。所以在这届奥运会上，海峡两岸的炎黄子孙，第一

次在奥运会上相遇，中国队和中国台北队正是踏着这首在中国历史最长、广为流传的军队进行曲相继步入会场的。演奏这首歌曲，是最适合不过的，可见大会组织者的良苦用心。

神枪扬威奥运会

洛杉矶奥运会战幕拉开，烽烟燃起，谁能夺得本届大赛第一枚金牌，已成为世界亿万民众关注的热点。第二天，即7月29日，这是奥运会值得纪念的日子，也是中华炎黄子孙永远不会忘记的日子。中国运动员许海峰在普拉多射击场枪响靶落，震动赛场，震撼美国，轰动世界，他摘取本届第一枚金牌，也成为中国第一个夺得奥运会金牌的民族英雄。

当时许海峰不要说外国人不熟悉，连中国记者对他也知之甚少。许海峰，这名字是那么陌生。记者后来经过探访，才了解到这小伙子的生活背景。

1957年8月1日是中国人民解放军建军节，这天，福建省漳州市一所部队医院，一个安徽籍炮兵连长的孩子降生了，他就是日后的奥运会冠军许海峰。

许海峰原名许建军，为的纪念建军节这天来到人世。他从小生活在军营中，养成了倔强、勇敢的性格。1972年7月，离乡近30年的父亲许银芝，由于在几次战斗中负过伤，身体情况不好，思乡之情日渐浓重，加上许建军很快要初中毕业，他们一家六口回到了安徽省和县原籍。为了表明新生活开始，他父母给四个孩子全部改了名字，为了纪念多年的海防生活，父亲在每个孩子的名字里都加上了"海"字。他的名字正式改为"许海峰"。

许海峰读书之余，有一大嗜好，就是用弹弓打麻雀，黄昏时分他能打下几十只麻雀。弹弓对他的诱惑力实在是太大了。

一年后，许海峰进入新桥中学念高中，在这里，他遇上了体育教师王震泽。王震泽是个对射击很有感情的人，总希望在他的学生中能有胆大、心理素质好的学生。许海峰当着老师的面，用弹弓将空中的斑鸠一击而落时，王震泽的心头不禁一喜，自己寻觅已久的射击"苗子"不正在眼前吗？

十年动乱结束，王震泽由新桥中学调往西埠中学任教，在那里办了一个射击集训队。1978 年底，对射击的共同嗜好将两人连在了一起。王震泽决心冲破业余体校的年龄限制，破格录取这个已经高中毕业下放农村的知识青年，让他当了名"编外"射击队员。

许海峰并没有使老师失望，经过两个月的训练，他的成绩扶摇直上。不久便被送入巢湖地区射击队，并在第一次参加的正式比赛的省第4 届运动会上，夺得了运动步枪 3×20 的冠军和汽步枪亚军，还破了省纪录。

1979 年秋，许海峰返城后，成了供销社的营业员。以后，他又当过赤脚医生、烟酒批发员。不论干什么工作，他都是千方百计地干好。有时一天工作下来很累了，回到家倒头就睡，醒来才感到肚子在咕咕叫。即使这样，射击依然使他难忘，稍有空暇便把枪拿出来摆弄一番。

1981 年，省里进行射击比赛，地区射击队的领导又一次找上门来。然而，比赛有年龄限制，他超龄了，只能作为教练，不能上场。这对许海峰刺激很大。

1982 年是许海峰命运转折点。四年一度的省运动会又要召开了。巢湖地区射击队的领导再次把他要到了地区队，师从吴文祥教练。吴文祥是一个事业性很强、眼光很远的教练。为了能更好的培养许海峰，让他改打手枪。因为，手枪比赛世界上比较流行。这一试，竟然又是一举中的，许海峰在全省得了冠军。

1982 年 11 月 1 日，教练吴文祥大声疾呼，力排众议，终于把爱徒送进了省队的大门，准备迎接第 5 届全运会。在欧德宝的指导下，许海峰在第五届全运会上，夺得手枪慢射银牌。后来在一系列的比赛中，他都取得了好成绩，被召进了国家队。

1984 年 7 月，许海峰代表国家队出席第 23 届洛杉矶奥运会。7 月

29 日 9 时整，自选手枪比赛开始。

许海峰打了 9 发试射，情况正常，他就要了记分射。他志在夺魁，心想谁也不认识我，免除记者的干扰。第二组轻松地打了两组 97 环。这时他脑子里突然冒出一个想法："前边挺好后边可得保住。"一分神，三、四组都是 93 环。他心里烦躁起来，想了一下，还是放下枪，离开赛场，静静心，进行"心理调节"。

第五组射击时，心情平静了许多，这一组打了 95 环。前五组平均 95 环，对自选手枪项目来说，是个不坏的平均数。

最后一组射击时，许海峰身后的记者一下子多了起来，他仍不慌不忙地打出了 10 环，再打，9 环，9 环。这时，身后一片嘈杂，一分神，连打两个 8 环！不能分神，他放下枪坐在椅子上，又进行"心理调节"。这时比赛时间所剩无几了，其他靶位上的射手，大部分已经射击完毕。他定了一下神，起身又是两枪，两个 9 环。他很清楚，再 8 环、9 环地打下去，定将抱憾终身。最后艰苦的三枪，每一枪都花费了他全部的心血，甚至 6 次出枪，5 次又放下，直到找好最佳的击发瞬间。他的心却快要跳出胸膛了，决定性的 3 枪，打了两个 10 环，一个 9 环。许海峰以 566 环的优异成绩，居群雄之首，实现了中国奥运会金牌"零的突破"。他成了中国的民族英雄。

夺得第一枚奥运会金牌的非洲妇女

    洛杉矶奥运会田径场上最特别的一个运动员，是摩洛哥的女子400米栏选手纳瓦尔·埃穆塔瓦凯勒。纳瓦尔·埃穆塔瓦凯勒于1962年4月15日出生在摩洛哥卡萨布兰卡的一个阿拉伯家庭，父亲是银行职员。她的运动兴趣和才能可以说完全是在她父亲的引导、鼓励和亲切的关怀下逐步发展起来的。她的父亲是一个热心的体育爱好者，从纳瓦尔步入中学时开始，父亲就指导她从事短跑训练。1978年起，纳瓦尔在中学比赛中取得了一连串的胜利，更坚定了父女俩从事运动训练的热情。

    1980年，法国教练弗索瓦·科康正式接手指导纳瓦尔。科康根据纳瓦尔身体条件和速度耐力好的特点，建议她改练400米栏。在父亲和教练的耐心说服和劝导下，她终于从头开始学起，表现出勇敢进取的精神。1982年，她在开罗非洲田径锦标赛上夺冠，从此在非洲声名鹊起。1983年，她又轻松地在地中海运动会上夺得该项金牌。年底，她越过大西洋，到美国求学深造。她就学于美国依阿华大学，主修经济和信息两门学科。

    1984年，纳瓦尔立志在奥运会上夺金牌。可是她左腿患了胫骨结石，疼痛难忍，尤其是奥运会开幕前一个月，反应更厉害。两名美国医生曾要从她的膝盖里取出3块结石。这需要切断肌腱，很可能使膝盖受到伤害，石膏要绑6个月。纳瓦尔不愿从奥运会赛场消失，拖着这条病腿参加了洛杉矶奥运会。

    当女子400米栏决赛枪响过，观众们发现，阳光下，身着红绿运动衫裤的纳瓦尔显得更加姣美，她像一股携红带绿的旋风，飞快地向前冲卷过去，光她跨过第一个栏架时，她的优势已明显地体现了出来。观众先是惊愕，但很快，便将掌声和欢呼声向着这位了不起的非洲黑人运动

员倾天而落，并一直持续到纳瓦尔以明显的优势第一个飞跑到胜利的终点。她的胜利无可争议，获得银牌的布朗落后了足有 5 米之多，而科特格伦特只得了第五。纳瓦尔的 54 秒 61 的成绩，打破了由她自己创造的非洲女子 400 米栏的纪录（55 秒 37）。

纳瓦尔的成功意义非同寻常，她成为摩洛哥参加奥运会历史上第一个获得金牌的选手；也是第一个在奥运会个人比赛中获得奖牌的非洲妇女。这位巾帼英雄，被狂欢的摩洛哥观众簇拥着出现在记者招待会上。在镁光灯下，许多记者睁大眼睛看着这个 400 米栏决赛中最为纤小的女子，不禁问道："你，怎么能跑得这样快！"纳瓦尔微笑着说："我也是这样问自己的，是为妇女争光的决心在鼓励着我。"

纳瓦尔成了英雄，比赛刚刚结束，摩洛哥国王哈桑二世立即打来电话，亲自向她表示热烈的祝贺。摩洛哥青年和体育部长在记者招待会上评价说："我们等了 24 年，终于等来了一枚奖牌，而且是一枚金牌。"

第24届 1988 年汉城奥运会

震惊世界的药检

　　在过去的几十年里，奥运会上的兴奋剂事件已经屡见不鲜，但出生于牙买加的加拿大籍短跑运动员本·约翰逊（Ben Johnson）在汉城奥运会上的境遇还是极为少见的。这位民族英雄、金牌获得者由于在药检时出现问题而被取消了这些名头。这一事件震惊了体育界，也不可避免地引起了质疑：不知有多少运动员是因为类固醇的作用而不是凭自己的能力获得了荣誉。

　　尽管本·约翰逊是在汉城奥运会上身败名裂的，可他在 7 年前就已经开始服用兴奋剂了。在 1981 年，9 岁的本·约翰逊被牙买加著名短跑教练弗朗西斯（Cha rlieFrancis）发现，并在他的指导训练下很快成为前途光明

的短跑选手。他的能力引起了著名短跑教练弗朗西斯的注意。在泛美青年锦标赛上，本·约翰逊被另一名很有前途的美国运动员卡尔·刘易斯（Carl Lewis）击败，所以他一直想战胜刘易斯以报一箭之仇。可事情没有那么简单，他都快要绝望了，这时弗朗西斯提出自己的想法，他告诉约翰逊合成代谢的类固醇可以让他的成绩提高 1%，即每 100 米快出 1

米。并让他与一个医生保持联系。因为其他大多数顶级短跑运动员都曾使用类固醇，所以约翰逊很担心被落下，几天后他打电话给弗朗西斯，他想要多出来的那 1 米。

在接下来的几年时间里，约翰逊所看到的只能是卡尔·刘易斯的后背，刘易斯不断取得胜利，在洛杉矶奥运会上的 100 米决赛当中，约翰逊有意抢跑以干扰对手，他的计划没有奏效。刘易斯夺得了金牌——这是他在此次奥运会上获得的 4 枚金牌之一。而约翰逊只能屈居第三，获得铜牌。两人之间的差距不光在跑道上，在赛场之外也被放大了。刘易斯接受高等教育、身体灵巧、态度高傲；而约翰逊缺少教育、块头庞大、性格腼腆。

然而到了 1985 年，两个人的力量对比就发生了变化。在连续 7 次败在刘易斯手下之后，约翰逊最终扭转了局面。在同一年，约翰逊在接受加拿大《运动员》杂志的采访时回应了刘易斯关于抗兴奋剂的建议。"使用兴奋剂既有损自己的尊严又卑鄙可耻，"约翰逊说，"一旦发现有人使用兴奋剂就应该把他清除出体育界。这是为了大家好。"听听，多么高尚的话语。

1987 年 5 月，刘易斯的父亲死于癌症。在葬礼上，刘易斯轻轻地把那枚洛杉矶奥运会上夺得的 100 米跑金牌放到父亲的手中。"我想让你拿着它，"他说，"这是你最喜欢的一场比赛。"他的母亲对儿子的慷慨很吃惊，但刘易斯平静地说："不必担心，我会再得一块的。"

当时的情形是，约翰逊处在上升阶段，并受到刘易斯的重视，公众认为他是世界上跑得最快的选手。在 1987 年罗马世界锦标赛上，他进一步确立了自己的优势。他带着超人的速度和力量从起跑线爆发，以 9.83 秒的成绩打破了世界纪录，领先刘易斯 1 米，正好是弗朗西斯所说的类固醇提供的精确优势。这是约翰逊第五次不折不扣地战胜刘易斯了。刘易斯所能做出的反应就是在一次电视采访时委婉地抨击约翰逊。"在比赛中有人依靠服用兴奋剂获得了金牌，"刘易斯说，"那场比赛将会被观看很多次，而且不止因为一个原因。"刘易斯不是怀疑约翰逊的第一个人。由于他那略带黄色的眼睛和犹如精心雕刻般的肌肉，其他选手都戏称他为"贝努瓦",这两点都是服用兴奋剂的典型特征。教练弗朗西斯很快就回击说,约翰逊已经通过无数次药检,刘易斯是吃不到葡萄说葡萄酸。"当卡尔·刘易斯赢的时候,我从来没说过他的坏话,"约翰逊评论道,"如果再出现一名选手击败我,我也不会抱怨。"

1988 年初,约翰逊是世界头号短跑选手,可后来不断地受伤使他不能充分准备奥运会。在 2 月份他拉伤了腿筋,3 个月后伤情加重。与此同时,刘易斯则恢复良好的竞技状态。8 月份在苏黎世,刘易斯又夺得了金牌,约翰逊名列第三。这也是罗马奥运会之后两人第一次交手。"100 米的金牌是我的,"刘易斯吹嘘道,"我再也不会输给约翰逊了。"

在汉城奥运会上,约翰逊似乎又重新找到了往日的激情。他和刘易斯都以最佳表现进入决赛。最后的摊牌是在 9 月 24 日。约翰逊的起跑强而有力,这次刘易斯没能战胜他。这个加拿大人以令人惊叹的 9.79 秒获得了金牌,也创造了新的世界纪录。在比赛结束后那个激动人心的时刻,约翰逊说要把这枚金牌奉献给"我的妈妈,所有支持我的人,和祖国加拿大"。因为不想再被指控为没有风度的输家,刘易斯这次闭上了嘴,没有发表任何评论。

1 小时以后,这位新的奥运会冠军和其他三位领先的选手进行赛后例行药检。因为要提供尿样,他喝了三罐啤酒,又喝了比赛时瓶里剩下的液体。两天后,加拿大队收到来自奥委会反兴奋剂委员会的通知,说约翰逊的第一次药检结果为阳性,第二次药检 3 小时后结果出来,也是阳性。国际奥委会的副主席、加拿大籍的理查德·庞德(Richard Pound)说约翰逊得知此结果后,"坐在那里就像一只被诱捕的动物,对于发生的一切手足无措"。

第二天下午 3 点半,加拿大的奥委会负责人卡罗尔·圣安妮·莱瑟琳(Carol Anne Letheren)收回了约翰逊的金牌。"我们爱你,"她告诉他,"但是你应受到谴责。"7 小时后,国际奥委会确认约翰逊已被取消资格,并公布在他的尿样中发现了合成代谢的类固醇司坦唑醇。约翰逊抗议说自己是清白的,并不顾一切地寻找各种可以被别人接受的解释。他说在比赛前医生给他注射了消炎的可的松。"他们告诉我比赛前的三四天注射这种药可以消除疼痛。为了达到效果我还休息了几天。"他说他服用的唯一药物就是他的医生杰米·阿斯塔法（Jamie Astaphan）给他准备的神秘液体。约翰逊说："我待在旅馆里，是杰米给我调制的饮料。他告诉我说这种饮料是用撒尔沙和人参加工制成的，可以使人精力充沛。我从来没自己弄过喝的。"

弗朗西斯暗示说一定有人向饮料里添加了什么东西，而且很有可能是刘易斯一伙人干的。约翰逊恰好抓住这个机会充当受害者，并声称："我不会放过如此对我的人，我没喝过别的。我小的时候从不吸毒。牙买加所有认识我的人都知道我不吸毒。我从没使用过任何非法药物，我不会侮辱我的家人、我的朋友、我的祖国和所有认识我的人。我为奥运会苦练13年，可13年的辛劳却毁于一旦。"

国际业余田径联合会废除了他的世界纪录并给他禁赛两年的处罚。约翰逊乘夜色悄悄回到多伦多。没有预想的欢呼场面，相反被媒体称之为骗子，他们使用了诸如"9.79秒，从英雄到狗熊"的大标题。《多伦多明星》这样写道："在这座城市里有很多很多年轻但敏感的加拿大人，尤其是在牙买加出生的孩子，他们正坐在家里的电视机前。他们脆弱的心灵破碎了。"加拿大总理布里顿·马尔罗尼（Britain Mulroney）说，对约翰逊的裁决是正确的，这是一名运动员的悲剧，也是所有加拿大人的巨大悲哀。

然而约翰逊的家人和英国的林福德·克里斯蒂（Linford Christie）仍然支持他。克里斯蒂由于加拿大人的退出，名次上升到第二位。他本人对于禁止服用兴奋剂的规定并不陌生（他在1999年的时候因为药检呈阳性而被国际业余田径联合会禁赛两年），他说约翰逊是体育界"了不起的大使"，把这位加拿大人受到驱逐的这一天称为"对所有运动员都非常难过的一天"。

加拿大政府要求明确调查此次事件，约翰逊的医生阿斯塔法透露了这名运动员使用类固醇的细节。阿斯塔法说在奥运会开始的26天前，约翰逊就被注射了一种合成物质，这种合成物质是用来在牛进入市场之前给牛增肥的。在调查之前，约翰逊于1989年6月最终承认自己服用了类固醇。3 个月之后，国际业余田径联合会废除了他在 1987 年创造的世界纪录，尽管那时在罗马他的药检并未呈阳性。

禁赛两年后，1991 年 1 月约翰逊又继续进行比赛了。但由于状态不佳，在 1992 年巴塞罗那奥运会上他都未能进入 100 米决赛。1993 年 1 月在蒙特利尔举行的一次国内比赛中，他的药检再次呈阳性，被国际业余田径联合会判定终生禁赛。1999 年他在爱德华太子岛省的一次慈善活动上，与两匹赛马和一辆货车赛跑，被人们视为新鲜事。

约翰逊的罪过是不容怀疑的。弗朗西斯、阿斯塔法和他自己都承认服用了类固醇。然而对于他如何在汉城的药检中结果呈阳性还是存在很多疑问。奥委会反兴奋剂委员会对约翰逊的尿样被破坏的说法给予了否定，有目击者报告说当约翰逊在汉城主体育馆的休息室里准备尿检时，有一名神秘男子坐在他的身边。有谣言说这个人——一个不被授权进入这个顶级安全区域的人——可能在约翰逊准备提供尿样时喝的啤酒里放了东西。人们不断猜测，直到后来查明这个神秘男子是安德烈·杰克逊（Andre Jackson），刘易斯的一个朋友。

令人奇怪的是，弗朗西斯和阿斯塔法分别在比赛结束前听到谣言说约翰逊的药检结果是阳性。然而约翰逊提供尿样是在一个多小时后而且药检的结果也是第二天才出来的。这一切是他命中注定吗？而且弗朗西斯和阿斯塔法坚持说约翰逊服用的类固醇是呋喃唑波耳（furazob01），不是司坦唑醇。司坦唑醇是一种强健肌肉的类固醇，很有可能减慢而不是提高他的速度，而他尿样中的高浓度司坦唑醇说明他从比赛开始直到决赛一直在使用。这与另一事实相矛盾，那就是约翰逊是在 1988 年 8 月 28 日注射的最后一次兴奋剂——恰好是在决赛前的 26 天。这样一来在决赛的 12 天前就已经没有兴奋剂在体内残留，他应该可以通过一次又一次的药检。这是约翰逊参加的最重要的比赛，只有傻子才会在比赛的当日给他提供迅速提高成绩的药物……弗朗西斯和阿斯塔法不是傻子。

是有人故意让约翰逊在汉城付出他多年欺骗的代价吗？他的饮料里是被放东西了吗？他的尿样是被篡改，或者像阿斯塔法暗示的，他的检测结果果真是阳性吗？约翰逊始终对自己被判罚怀恨在心。"无论我做过了什么，"他在最近一次采访中说，"我始终是最好的短跑运动员。大多数人都觉得看我赛跑是一种享受，也知道那场比赛。体育没有不掺假的，除非时间走到了尽头。"

无人知晓的奥运金牌得主

1988 年 9 月 26 日，20 岁的肯尼亚选手保罗·埃伦格成了汉城奥运会上最轰动的新闻人物之一，他在男子 800 米决赛中战胜了上届奥运会冠军巴西的克鲁兹和 3 千米、5 千米世界纪录保持者摩洛哥的奥伊塔，出人意料地获得了冠军。

埃伦格说："我是从小赤脚跑步上学开始我运动生涯的。"他像肯尼亚的许多优秀中长跑选手一样，出身于贫苦的农民家庭，生长在肯尼亚西部广阔的高山地带，童年就是在这高低不平的山地间度过的。

在肯尼亚，这位奥运会冠军一开始并不被认为是位很出色的选手。他瘦高个子，身高 1.86 米、体重 72 公斤，外号"长颈鹿"。他在肯尼亚国家田径队专攻 400 米跑，但他的成绩不理想。他事业的转折点是在内罗毕被美国著名田径教练哈迪看中。埃伦格和肯尼亚其他善跑的青少年一样想到美国去升学，希望通过赛跑达到事业上的成功之路。1987年 9 月他只身来到美国进入巴尔的摩大学。校方原指望埃伦格的到来能给学校带来荣誉，但这良好的愿望却未能很快实现。"长颈鹿"的 400米跑成绩一直未能突破 45 秒，无法与美国优秀的运动员相抗衡。这时，哈迪教练要他攻练 800 米，1988 年年初他开始正式攻练 800 米，但成绩仍然不如人意，他自己回忆到："当时，我真想停下来，但哈迪教练鼓励我坚持下去。"

第 24 届奥运会前，埃伦格回国参加选拔赛，只有获得前两名的选手才有资格进军汉城，结果他只得了第 3 名。赛后，伤心的埃伦格不得不暂时回到他的家乡。可是，一天早上他突然收到内罗毕发来的一封加急电报，让他火速前往参加集训，原来是一号选手康切拉因受伤不能参赛而临时决定由他顶上的。

参加汉城奥运会男子 800 米决赛的选手大多是世界名将，埃伦格是第一次参加国际大赛的新秀，当然没有人会注意到他。在离终点 200 米时，埃伦格还处在第 4 位，这时他突然加快了步频并在弯道处超过了一心想夺魁的奥伊塔，首先冲线，创造了令他自己都感到惊奇的 1 分 43 秒 45 的好成绩。

汉城奥运会后，埃伦格没有因为拿到金牌而改变他的生活方式，他继续在巴尔的摩大学一边攻读医学课程，一边坚持训练，同时参加国际田径比赛。使人感到奇怪的是，在他所在的大学里有许多学生还不知道他是奥运会冠军。1990 年夏天就发生过一件有趣的事，当布达佩斯发来的一份邀请埃伦格参加比赛的信件寄到学生宿舍后，没人知道埃伦格住在哪里。当一位记者在最后一间很简朴的房间里找到他时，埃伦格说道："这并不奇怪，如果我是奥运会短跑冠军，首先不会这样。我不是刘易斯，因而能在这所大学里一心一意、安静地学习和训练，没有任何崇拜者的干扰。"

领奖百态

运动员一朝登上奥运冠军的峰巅，必然激动万分，风采异常。然而，此时成功者尽管都会感觉到自己是世界上最幸福的人，但他们的表达方法却是千姿百态、因人而异的。

一般来说，新手夺得奥运冠军大多是欣喜过望，场面也就更为激越一些。美国女子体操运动员雷顿本来是替补队员，当意外地荣获了第 23 届奥运会女子体操全能冠军时兴奋得发了狂，只见她一会儿双手抱头，一会儿仰天长啸，一会儿又匍伏在地，久久不动。她手足失措地不知用什么方式来表达内心的快意。

1988 年，当名不见经传的苏联选手奇洛娃初出茅庐在女子气步枪比赛中，夺得第 24 届奥运会的第一枚金牌时，激动得不能自己，抽咽着说："太好了！太好了！"任哭和笑不和谐地交织在一起。

而老运动员获得世界冠军，特别是在退役前的最后一搏取得成功，那情景就更为深沉一些。苏联自由式摔跤选手麦德韦季在夺得最后一个世界冠军时泪流满面，他庄重地跪在摔跤垫子前，依依不舍地亲吻着使他眷恋的跤场。

当 3 次蝉联奥运会双人花样滑冰冠军苏联的罗德尼娜和扎伊采夫最后一次夺冠时，这对合作多年的夫妇激动得相对垂泪，一是为了成功而欢欣，二是为了告别他们心爱的冰场——这个梦魂萦绕的地方。

罗马尼亚"体操皇后"科马内奇第一次夺得世界冠军时，高高地扬起双手，笑啊、笑啊，好像永远也笑不够。然而最后一次夺魁时，只是稍微激动了一下，一想到即将告别心爱的体坛，心中就涌出苦辣酸甜的千般情丝。成功属于过去，往事如烟啊！

被称作"东洋魔女"的日本女排夺得世界冠军时，老队员们有的放声大哭，有的泪流满面，呜呜咽咽；而年青的队员却纵情欢笑，笑得嘴都合不拢来，她们激动地抬起了教练，把他一次又一次地抛向天空。

当五星红旗冉冉升起，《义勇军进行曲》高高奏响的时候，站在领奖台上的中国选手想到祖国，想到朝夕相处的教练、队友。当看到手持星条旗满场飞跑的美国选手时，完全可以想象到，他们也是在向世界宣称作为一个美国人的骄傲，宣泄一种民族自豪感吧。

成功者中表现出超然大度、彬彬有礼的并不乏其人。美国游泳名将珍妮特·埃文斯的"微笑"，一直被人们传为佳话。

在成功时最理直气壮的一次亮相，恐怕要数拳王阿里了。当他击败了对手利斯顿后，大声呵斥蜂拥在身边的记者："我没法忘记你们这群人，你们曾异口同声地骂我是黑鬼，是骗子！我曾宣布于 8 个回合内打败利斯顿，你们偏不信。现在，无数电视摄影机都对着我。你们要向全世界宣布，我是最伟大的重量级拳王！你们说，谁是最伟大的？"真可谓拳头硬，出气也粗。

成功者中竟有对胜利感到惶惑的。当美国选手菲利浦斯在第 24 届奥运会男子 400 米栏决赛中战胜了"常胜将军"摩西后，他泣不成声地对人们说，多少年来摩西是他的偶像，是他心目中的英雄，摩西 15 年来风靡世界田坛的辉煌战绩一直是感召他前进的力量，是摩西引导他前进。他不相信这个事实，他不敢接受这个事实。

金牌小偷

第 24 届奥运会，美国队在汉城出了一起丑闻：两名冠军选手成了偷窃犯，被警方传讯。

比赛进行了一星期后，美国队拿了不少奖牌，9 月 24 日晚，美国队在汉城市区一家夜总会欢庆胜利，闹了个通宵。美国游泳选手戴比获得 4×100 米和 4×200 米自由泳接力金牌，他的队友吉森也获得 4×200 米自由泳接力金牌，两人酒足饭饱后又跳起迪斯科。金牌使他们晕了头。两人看着大厅里玲珑剔透、珠光宝气的饰物，竟起了邪念，把一座价值 800 美元的小雕像"偷"走了。当他们要离开夜总会时，却被店主拘留送给警方传讯，店主指控两人有偷窃行为。

警方经调查，从他们身上搜出了这座雕像，证据确凿，无法抵赖。美国代表团官员为了遮人耳目，起初辩解说他们拿起小雕像只是看看而已，无意偷窃，但店主坚持他们是离去之前当场被抓获的。这一起丑闻使美国代表团出了洋相，代表团连夜召开紧急会议，决定把两名选手开除出队并提前遣送回国。代表团还就此事件做了公开道歉。

但是，韩国当局和新闻界不肯就此罢休，因为小偷事件发生之前的一场拳击赛，发生了一起奥运会东道主的教练和工作人员殴打裁判的严重事件，美国电视台反复转播现场录像，让韩国在全世界面前出丑，韩国对此十分恼火。现在，他们抓住了美国运动员偷窃的事件，要报"一箭之仇"。韩国新闻界不惜版面和广播的黄金时间，大肆宣扬这两名"金牌小偷"的丑行，警方还命令这两个人不能擅离汉城，随时听候传讯。

这两名选手发表了公开的道歉书，向韩国表示歉意，希望他们的行为不致损害两国的友好关系。这二人提前被送回美国。此事发生后，奥运村管理人员在美国人住的房子前张贴布告，告诫美国人切勿在离去之前再搞偷窃活动，否则将受到监禁 30 天或罚款 10 万韩元的严厉处罚。

因转播拳击赛殴打事件和小偷事件，造成了美国队与东道主之间不愉快的摩擦，这在奥运史上也是少有的。不过，后来双方都顾全大局，平息了争端，使奥运会圆满结束。

裁判张冠李戴

奥运会比赛不但运动员非常紧张，连裁判员也紧张得到了发昏的地步。

在汉城奥运会举行次重量级拳击比赛中，主裁判埃及的穆罕默德在苏联的柯纳巴乔夫对意大利的马基比赛时，演出了一场笑剧。

在第一回合比赛中，柯纳巴乔夫用重拳将马基击倒。主裁穆罕默德将马基扶起，让他坐在角上的椅子上休息。然后他开始对柯纳巴乔夫数起 "8" 来。柯纳巴乔夫感到十分惊奇，不知所措。台下裁判席用力敲钟，试图以此引起主裁的注意。到这时，主裁穆罕默德才觉察数错对象了，于是赶忙再回到马基身边去数 "8"。

本届奥运会拳击裁判屡闹笑话，在 57 公斤级比赛中，中国选手刘栋在裁判宣布他败给印度拳手弗朗西斯后，垂头丧气地走下了拳台，但他马上又被叫回了拳台，被宣布为这场拳赛的胜利者。

原来，裁判在宣布成绩时读错了分数记录，使胜利者成为失败者。后来刘栋打进了前 8 名。

第25届 1992年巴塞罗那奥运会

邓亚萍与萨马兰奇的忘年交

　　邓亚萍是中国著名的女子乒乓球运动员，乒乓球历史上最著名的女子选手。她先后获得14次世界冠军头衔，在乒坛世界排名连续8年保持第一，成为唯一蝉联奥运会乒乓球冠军的运动员，并获得4枚奥运会金牌。时任国际奥委会主席的萨马兰奇非常欣赏邓亚萍那种大刀阔斧、快速凶猛的打法和她一往无前、不屈不挠的顽强作风，称在邓亚萍身上充分体现了"更高、更快、更强"的奥林匹克精神。

　　在1989年世锦赛上，国际奥委会主席萨马兰奇亲自为邓亚萍颁发了金牌，并和邓亚萍约定，如果邓亚萍在巴塞罗那奥运会赢得金牌，他将亲自为她颁奖。果然，在1992年巴塞罗那奥运会上，邓亚萍获得女子单打冠军，与乔红合作，又夺得女子双打冠军。萨马兰奇不负诺言，为邓亚萍颁发了奥运金牌。

　　1996年，在亚特兰大奥运会女单决赛结束后，萨翁第五次为蝉联奥运会冠军的邓亚萍颁奖，他紧紧握住邓亚萍的手，并用右手轻轻地拍了拍邓亚萍的脸颊。这动人的场面令人感慨万千，一个运动员能得到萨马兰奇一次颁奖的机会已属十分荣幸了，而邓亚萍获得这样的殊荣竟达五次，这样的特殊礼遇，可以说是独一无二的。

不是第一个冲线的冠军

中国竞走骁将陈跃玲在第 25 届奥运会女子 10 公里竞走比赛中，作为中国田径健儿她迈出了历史性的第一步，摘取了第 1 枚奥运金牌。有趣的是，她不是第一个冲线的人。

在比赛中，两名中国选手同两名独联体运动员争夺得十分激烈。结果世界冠军俄罗斯的伊万诺娃第一个冲线，陈跃玲第二个到达终点。陈跃玲看到伊万诺娃挥舞着旗子绕场一周欢呼的样子，她痛苦地摇了摇头，为自己未获得金牌而深感遗憾。

10 分钟后，赛场里巨型电视屏幕显示出最终结果：中国，陈跃玲，第 1 名。此时，她激动得热泪盈眶。原来，伊万诺娃因多次双脚腾空犯规，在最后 194 米处被裁判员出示红牌取消成绩：因而陈跃玲成了一位不是第一个冲线的奥运冠军。

赛后，陈跃玲兴奋地对记者说："能替我国拿到第 1 枚奥运田径金牌，我很高兴！"

1993 年夏季，陈跃玲退役后到美国留学，她的魅力和才华征服了美国朋友的心。美国艺术有限公司主席杰克先生出资百万，请两位雕塑家创作了与陈跃玲同比例的铜质塑像。后来，作为美国人民送给中国人民的礼物，美国人不惜重金将其越洋运到陈跃玲的故乡——辽宁铁岭市。

作品取材于陈跃玲在巴塞罗那奥运会上夺得 10 公里竞走金牌时的途中动作。当铜像峻工时，陈跃玲却发现自己的身高比 1.59 米的铜像高出 1 厘米。对此，陈跃玲高兴地解释：雕塑家制作的尺寸是准确的，那是自己的身体长高了。

只当了一夜奥运冠军的人

在巴塞罗那奥运会男子 1 万米赛跑决赛中，摩洛哥选手沙阿第一个冲过终点线，肯尼亚选手凯利莫获得第二名。赛后，凯利莫向大会仲裁委员会投诉：沙阿的队友布塔耶布在比赛中故意阻挡他超前。结果，沙阿冠军荣衔被取消，由凯利莫补上，沙阿为丢失金牌而痛哭了一夜。

乐开了花的凯利莫第二天欢天喜地地逛商店，但他好梦不长，返回奥运村后听到那枚金牌又被判回到沙阿手中，他号啕大哭起来。

原来，在凯利莫以冠军身份出席新闻发布会的同时，摩洛哥队向国际田联递交了一份抗议书。后经国际田联裁判委员会研究裁决：沙阿获冠军，凯利莫得亚军，布塔耶布将受判处分。当沙阿的冠军荣衔失而复得时，他破泣转笑。凯利莫再次提出抗议，但无济于事。

在发奖仪式上，沙阿遭到了在场 65000 名观众的嘲讽。当他脖子上戴上金牌时，"吓吓"声与摩洛哥的国歌声共起，抗议条幅与摩洛哥国旗同升。抗议条幅上写道："揍他，滚出去！"而当凯利莫接受银牌时，体育场里爆发出热烈地欢呼声和掌声。这样，凯利莫就成了奥运史上只当了一夜冠军的人。

不过，沙阿回国后处境不妙，摩洛哥田协可能觉得他这块金牌水分太大，7 万 7 千美元的冠军奖金拖欠不给。

一年后，凯利莫在斯德哥尔摩田径大奖赛上创下男子 1 万米赛跑 27 分 7 秒 91 的世界纪录，再次显示了他的强劲实力。

难民夺金牌

1992 年 7 月 31 日，一位名叫皮罗·迪马斯的举重运动员以 370 公斤的总成绩，夺得第 25 届奥运会 82.5 公斤级举重金牌。当他站在领奖台上，耳边响起希腊国歌、头顶上方升起希腊国旗时，他思绪万千，眼睛里忍不住流下了苦涩的泪水。他不是希腊人，而是不久前逃入希腊的"阿尔巴尼亚难民"。而正是他，在第 25 届奥运会上为希腊赢得了 2 枚金牌中的其中 1 枚。

21 岁的迪马斯曾是阿尔巴尼亚最优秀的举重运动员，13 次打破全国纪录，获得过 7 块金牌，连续两年被评为全国"十佳运动员"。1991 年，由于阿尔巴尼亚政局动荡，迪马斯也涌入了"难民潮"，逃往希腊。希腊有关方面如获至宝，随即要求他代表希腊参加这届奥运会，否则将把他驱逐出境遣送回国。迪马斯为求生存，无奈只好顺从了希腊方面的要求。

阿尔巴尼亚这次也派举重队参加了这届奥运会，但所有选手均名落孙山。

当迪马斯获得奥运金牌后，希、阿两国就"荣誉归哪个国家"的问题发生争执。1992 年 8 月 4 日，阿尔巴尼亚《体育报》在头版显著位置以《阿举重运动员获奥运冠军》为题刊登了迪马斯夺魁的消息，报道说："希腊利用阿尔巴尼亚经济困难抢走了我国的奥运金牌"。

迪马斯凯旋回希腊时受到隆重欢迎。但是，这位冠军大力士虽胸前挂金牌，背后却受到威胁。他几乎每天都要遭到来自阿尔巴尼亚黑手党的恫吓，其原因是，他在巴塞罗那奥运会上说过"为希腊争得了荣誉，我为自己是个希腊人而感到自豪"。他的这番话，激起了阿尔巴尼亚民族主义者的愤怒，他们要对他施行报复。因此，迪马斯只好在夹缝中求生，希腊方面只得给他以"全面有效的保护"。

两国之争

20 世纪 90 年代初，一直是肯尼亚人和摩洛哥人主宰国际万米长跑。世界上在这一距离跑得最快的 11 个人中有 8 个人来自肯尼亚。他们的主要对手是来自摩洛哥的卡利德·斯科（Khalid Skah），他的名字在阿拉伯语中的意思是"无法控制的"。两个长跑强国之间的竞争紧张激烈，为了挫败对手所采用的技巧也令人震惊。1991 年的世界冠军赛上，由于肯尼亚队的高超战略使斯科屈居季军。肯尼亚人理查德·赫利姆（RichardChelim0）和摩西·塔努伊（Moses Tanui）领先，而另一名肯尼亚人托马斯·奥桑诺（Thomas Osano）在整场比赛中垫后并骚扰斯科。当斯科冲刺时，奥桑诺就会挡着他或者再次超过他以减慢他的速度。通过纠缠、骚扰，奥桑诺成功地打乱了斯科的节奏和计划，而使理查德·赫利姆和摩西·塔努伊分别获得冠军和亚军。5000 米长跑中同样的策略又被采用。在 1992 年的锦标赛上，肯尼亚人再一次故技重演，这次的目标是阻止具有危险性的埃塞奥佩恩（Ethiopian），而为约比斯·翁德爱克伊（YobesOndieki）扫除障碍使他冲击冠军宝座。所以到巴塞罗那的万米决赛时，斯科和摩洛哥队都知道会发生些什么，而且准备好报仇。

10000 米决赛在晚上 10 点开始，巴塞罗那的温度仍在 29 摄氏度（85 华氏度）。最初肯尼亚人不急不慌，随后赫利姆及其队友威廉·克奇（WillianKoech）就开始加速。到第 16 圈时，克奇的速度慢了下来，比赛变成了赫利姆和斯科之间的竞争。第 22 圈跑到一半离终点还有

1400 米时，两人准备超过斯科的队友、36 岁的哈姆乌·鲍塔耶博（Hammou Boutayeb）处在倒数第二的位置，这名在 1991 年的决赛中取得第八名成绩的运动员今天表现非常令人失望。随着赫利姆和斯科接近鲍塔耶博，处在领先位置的斯科故意靠外圈跑使赫利姆无法加速。而鲍塔耶博在第 23 圈时跟在两人后面，却突然加速跑到了赫利姆前面，迫使这个肯尼亚人不得不放慢步伐。这时，赫利姆发现自己像三明治一样夹在两个摩洛哥人中间，而斯科离他又这么近，不时踢他的脚后跟。经过拼命地挣扎，赫利姆终于超越了鲍塔耶博，但是离斯科还是很近，而摩洛哥人又一次冲刺，第二次把他甩在了后面。观众席上嘘声大作。

赫利姆在第 23 圈时又成功领先，但鲍塔耶博还在其身侧跟随，令这个肯尼亚人非常不快。当跑在前三名的运动员进入最后一圈时，IAAF 技术委员会主席卡尔·古斯塔夫·托勒马尔（Carl Gustaf Tollemar）决定采取行动。他走向跑道想要抓住鲍塔耶博，但这个摩洛哥人成功逃脱并继续跑了 200 米才最终退出。由于在最后 3 圈不断受到阻挠，赫利姆只能眼睁睁地看着斯科全力冲刺，摩洛哥人最终领先 7 码获得冠军。

当然这赢得并不光彩。在斯科绕场一周庆祝胜利的时候，受到了观众起哄并遭到纸杯和各种各样垃圾的袭击。《泰晤士报》这样愤慨地报道："来自同一个国家的两个人互相协作骚扰另一个人的行为是违反道德的。"当斯科被宣布取消获奖资格时，这些起哄又变成了大声喝彩。

作为一名法律系学生，斯科反驳说那是自卫的最好方式并气愤地指责西班牙裁判是种族主义者，是强盗。同时他也没有宽恕他所谓的同伙，称他不开化，是个牲畜，是个低能儿。赫利姆声称在最后那几圈，斯科和鲍塔耶博不断说话，显然是串通好的。刚开始斯科否认他与鲍塔耶博说过话，但当比赛录像播放他们说话的镜头时，斯科又申辩说他是在指责队友。斯科说："我告诉他：'走开！走开！我不得金牌就是银牌，我不需要你的任何帮助。"斯科解释说鲍塔耶博的异常行为源于他不想被超越，因为这场比赛在摩洛哥将进行实况转播，他以自己拙劣的表现为耻。

摩洛哥队对斯科被取消获奖资格提出上诉，在重新研究比赛录像后，裁判认为赫利姆并没有受到身体上的侵犯，因此判定斯科仍为冠军。这一改变没有赢得西班牙观众的好感，口哨声和起哄声伴随整个颁奖过程。

张山骑在男人 "头" 上

在 1992 年第 25 届巴塞罗那奥运会上，中国女子射击队年仅 24 岁的运动员张山，在射击场上创造了一个奇迹。

奥运会的射击比赛，在男女共同参赛的双向飞碟赛中，射击史上还没有一名女子能够打入前 6 名。但是在这届奥运会上，中国队却出现了一个奇兵，在半决赛中，张山以 200 发 200 中的成绩平了世界纪录，在决赛中作为唯一一名女运动员，她以 225 发 223 中的成绩，击败了来自 39 个国家的 59 名选手，夺得了冠军，同时也打破男子独霸双向飞碟比赛

的局面。当张山站在最高的领奖台时，全场观众都情不自禁地向这位女选手鼓掌欢呼致意。颁奖仪式后，获得第二名和第三名的两个男选手一下把战胜他们的冠军张山抬了起来，向她表示由衷的敬佩之情。从下届奥运会起，双向飞碟将采取男女分赛制，张山的金牌也成了奥运史上的"绝唱"。

"梦之队" 旋风刮晕巴塞罗那

1992 年，8 月 8 日，巴塞罗那。

被称为"外星人"登陆的，由 NBA 巨星"飞人"乔丹、"魔术师"约翰逊等组成的美国男篮"梦之队"战胜了最后一个对手克罗地亚队。但是，这并非就意味着他们能顺利地登上冠军领奖台，戴上金光灿灿的奥运金牌。这些大明星有可能成为世界上第一批赢得了奥运会冠军，却不能登上领奖台，空手而归的选手。

这故事还要从头说起。

美国是世界篮球王国，国内篮球联赛的水平相当高。但是自现代奥林匹克运动开始，国际奥委会就明确规定了奥运会的业余性，即只允许业余运动员参加，而坚决地将职业运动员拒之门外。

这样，作为篮球运动的发源地，视篮球为国球的美国只能派遣二流、甚至三流水平的大学生业余运动员去角逐奥运赛场。1972 年，美国奥运男篮以一分之差首次败给了苏联队。之后，美国男篮在奥运会上屡屡受挫。

如果奥运会将那些世界最高水平的职业选手排斥在外，那么奥运会是世界最高水平的运动会的地位无疑受到了极大的挑战。奥运会的业余性"信念"在坚持了 80 多年后，开始了动摇。萨马兰奇主席以一个政治家的气魄和眼光，大胆改革奥运会业余性的原则，开始接纳职业运动员有序地进入奥运会。

1988 年，国际奥委会作出了一项重大的变革：允许美国职业篮球运动员参加奥运会。美国职业男篮明星就是在这样的形势下参加巴塞罗那奥运会的。

1992年初，美国篮协公布了美国奥运男篮的名单，其中10人为NBA大明星，包括大名鼎鼎的"飞人"乔丹、"魔术师"约翰逊、"大鸟"伯德等。这支队伍云集了当时NBA最风光的球星。

美国篮球协会还异乎寻常地为这支明星球队取了一个充满传奇色彩的名字："梦之队（DREQM）"。

7月26日，第25届奥运会在巴塞罗那开幕。美国男篮"梦之队"姗姗来迟，他们携妇将雏抵达巴塞罗那后即抛开了大批追随不休的新闻记者，躲进郊外一个壁垒森严、每套客房日租金900美元的豪华饭店里，逍遥自在去了。

美国奥运会代表团负责人莱罗·沃克对"梦之队"拒绝和其他运动员一样住进奥运村的行为给予了严厉批评。沃克先生说，所有的美国运动员都应当毫无例外地住进奥运会选手村，谁也不能特殊。"梦之队"的行为违反了规定，这是不能容忍的。

沃克先生的这番话不但没能使"梦之队"的大明星们回心转意，相反却激怒了"魔术师"约翰逊、"飞人"乔丹等人。约翰逊认为，对"梦之队"这样一支巨星汇集的球队来说，住进奥运村是不合情理的。他说："我想带我的儿子上街散步，可马上发现成千上万的人跟在我后面，好像也想陪我的儿子散步一样。"

由于"梦之队"的参加，这届奥运会的男篮之战成了一场"没有冠军的比赛"。男篮的真正意义在于谁能够在"一队之下"夺得亚军。

"梦之队"一路过关斩将，打遍赛场无敌手。8月7日，在男篮半决赛的一场比赛中，立陶宛队2米24的"世界第一巨人"萨博尼斯曾漂亮地数次盖下美国"梦之队"中锋罗宾逊的扣篮，但立陶宛队还是无法阻挡"梦之队"的高超技艺，终以76比127的大比分告负，失去了决赛权。

"梦之队"在比赛中出神入化地表演着令人难以想像的高难动作，叫人想入非非：这是不是太空人在宇宙中散步？这是不是外星人降临地球?

8月8日，美国男篮"梦之队"轻松地进入奥运会决赛，与克罗地亚队对阵。克罗地亚队拥有世界锦标赛冠军——前南斯拉夫队的多名主力，是一支不容小觑的劲旅。他们也着实让骄傲的美国人惊出了一身冷汗。

可容纳1.8万名观众的巴塞罗那蒙锥克体育馆座无虚席，尽管票价高达90美元，但为了一睹世界篮球大明星的风采，仍有不少球迷在体育馆外等候退票。决赛的战幕拉开后，比赛的形势并没有呈现出人们赛前预料的一边倒的局面。"梦之队"的潇洒表演仅维持了10分钟。之后，全力拼搏的克罗地亚队不仅把比分追了上来，而且以24比23超出，令大明星们不得不放下架子，认认真真使出国内NBA联赛的真本领，才以56比42领先结束上半时，挽回了一点面子。

奥运会前，"梦之队"宣称，不赢对手30分以上不算赢。小组赛和半决赛，他们都轻松过关，因而并没有把克罗地亚队放在眼里，决赛前还与西班牙警察队打了一场友谊赛，但克罗地亚队确确实实让他们吃了一惊。

下半时，"梦之队"打得兢兢业业，在"魔术师"约翰逊的精心组织下，乔丹空中飞行扣篮，巴克利强行过人上篮，马龙多点远投，令人目不暇接。在观众一浪高过一浪的掌声和喝彩声中，"梦之队"逐渐将比分拉开，最后以117比85取胜，夺得金牌。国际奥委会主席萨马兰奇为"梦之队"颁发了金奖。"梦之队"的横空出世，使奥运会的篮球水平提高了一个档次。

第 26 届 1996 年亚特兰大奥运会

"东方神鹿" ——王军霞

1996 年亚特兰大奥运会上，首次参加奥运会的中国运动员王军霞，以 14 分 59 秒 88 的成绩获得女子 5000 米金牌，并以 31 分 02 秒 98 的成绩获女子 10000 米银牌，成为中国第一位获奥运会长跑冠军的运动员。

王军霞 1973 年 1 月 9 日出生于辽宁省大连市郊区的一个农村，由于家庭生活条件艰苦，她从小就养成了吃苦耐劳的优良品质。1988年王军霞被选入大连体校，开始进行长跑训练。1991 年她入选辽宁省田径队，师从著名教练马俊仁，主攻长跑。在教练的悉心指导下，经过大运动量、大强度的科学系统训练，王军霞的身体素质和技术水平都有了大幅度地提高，并逐步形成了步幅适中、步频快、冲刺能力强的技术风格，运动成绩直线上升。1994 年，王军霞在美国纽约获得了第 14 届杰西·欧文斯国际奖，这是中国也是亚洲运动员首次获此殊荣。

王军霞不愧是中国著名的女子长跑明星，被人们誉为"东方神鹿"。

头晚闹警报翌日发飙

　　7月19日夜里，孙福明睡得正香，美国人闹警报，服务员哇哇大叫把运动员轰下楼，闹得她头昏脑胀，两腿发飘，下楼呆了半天，才知是虚惊一场。孙福明问刘玉琪总教练："这是闹什么鬼，明天还比不比？"刘总教练笑眯眯地说，"回去睡你的大觉，啥事也甭想，明儿早晨有人叫你。"

　　早晨果然有人叫孙福明起床，孙福明悄悄看了领队、教练一眼，他们的眼睛里都布满了血丝，恐怕熬了一个通宵。

　　比赛开始，孙福明先后以不太大的比分，赢了英国、德国、俄罗斯的选手。而孙福明的主要对手，即第4轮的对手——古巴的"黑铁塔"——身高1.90米、体重160公斤的罗德里格斯。在前几轮比赛中，她曾像割麦子一般把对手撂倒，再把对手困住取胜。

　　北京时间7月21日凌晨4点，孙福明与罗德里格斯展开激烈的较量。赛前，教练组为孙福明制定了比赛方案，还给她编了16字的口诀：交叉抢手，抖手进攻，抓紧底手，见扣快凶。

　　这场比赛，孙福明赢得十分艰苦。罗德里格斯力大惊人，胳膊和腿都是硬邦邦的像铁棒，和上次福冈邀请赛上碰到时大不一样。赛时过半，孙福明用背负投赢了一个"尤拜"分，但领先后她感到体力跟不上，可罗德里格斯却用"大外刈"和扫腰向孙福明猛攻，在场外教练的提醒下，孙福明用散手战法，顽强地顶住了她的反攻。在离比赛结束还有1分钟时，孙福明用一个背负投将她摔倒，获得一个有效得分。在以后的时间里和她周旋，并在结束前10秒钟将她压在身下直到比赛结束，为我国体育代表团夺得第一枚金牌。

第27届 2000年悉尼奥运会

趁雨过把奥运瘾

2000年9月26日的一场大雷雨，打断了美国队和韩国队的奥运棒球半决赛。当时比赛进行至第八局，比分为2比2平，大雨使得双方球员不得不暂时躲进休息区避雨。这时，只见一名身穿黄色雨衣的球迷翻过一垒边线一侧的护墙，在一垒旁来了个拖泥带水的滑垒动作，接着这名滑垒者直奔投手区，再冲向本垒板，并在如注的大雨中踩过水坑，然后又来了一个水花四溅的滑垒。在他跑向三垒时，三名魁梧的保安人员开始猛追。在被扭送离场前，他最后还是完成了一次本垒方向的水中滑垒。

奥林匹克公园球场内14000名观众大声为他喝彩，比正式比赛时热烈多了。

跳出奥运史上最高分

2000年9月30日，男子跳台跳水正在激烈地进行。

十米跳台比赛，俄罗斯选手萨乌丁是中国选手的最大竞争者，前几天，就在这里，在男子双人跳台比拼中，萨乌丁和伊格尔击败了田亮与胡佳的组合，抢走了金牌。四年前，也是这个萨乌丁在亚特兰大奥运会上夺得跳台金牌，把田亮挤成了第四，于是，中国跳水队部署了男子跳台"夹击"萨乌丁的战术，而且收到了立竿见影之效。决赛跳到第三轮时，萨乌丁就显得心神不定，方寸已乱。田亮、胡佳遥遥领先，甩下对手40多分的距离。此时，田亮和胡佳由"同盟军"变成"对立面"，出道不久的胡佳在前三跳后竟然领先了田亮38分。

胡佳第三跳"向后翻腾三周半抱膝"做得无可挑剔，七名裁判给出6个10分，一万多名观众掌声如雷。但17岁的胡佳头一次见这么大的场面，很难保证心静如水，在第四轮中，使本来就不太好完成的倒立620C大失水准，一位裁判打出了4.5分，51.04的得分让队友田亮看到了希望。

田亮前要追胡佳，后须防萨乌丁渔翁得利。

田亮的第四跳207B，学名是"向后翻腾三周半屈体"，难度系数高达3.6，比萨乌丁所跳的同组动作难度要高0.3，难度越大，意味着风险也越大。这个动作不仅需要运动员有很好的弹跳能力，同时对空中姿态的掌握要求极高，稍有不慎，快到入水时，恐怕连动作都来不及做完。

全场安静下来，等待着这高难的一跳。只见田亮的起跳、翻腾、打开、入水，整套动作干净利落，口哨声、掌声、欢呼声炸响了整个跳水馆，教练区内的各国教练也纷纷向中国教练张挺表示祝贺。裁判也给出了101.52的高分，奥运会有史以来跳水的最高分诞生了，田亮凭此一跳重新占据了得分榜榜首的位置。最后两轮也正常发挥，终于稳拿了跳台跳水的金牌。

第 28 届 2004 年雅典奥运会

运动员不知道得了金牌

2004 年雅典奥运会男子双人划艇 500 米决赛正在激烈地进行着。各队在快到终点的时候可以说是并驾齐驱，在冲过终点时成绩非常接近，每个人都不知道是谁拿了冠军。比赛结束后，中国选手孟关良感觉自己好像是获得了第四名，懊悔得连连拍打额头。

大概过了 2 分钟，孟关良、杨文军才得到消息，他们以 1 分 40 秒 278 的成绩夺得金牌，这是中国水上项目在历届奥运会上所获得的第一枚金牌，中国奥运代表团再度取得了历史性的突破！

赛后，孟关良、杨文军好像还没从当时的兴奋中回过劲来。

杨文军说："真的没有想到会夺冠，我们开始没处理好，但最后 50 米的冲刺完成得非常好。刚冲过终点的时候，孟关良以为我们得的是第四名，可懊恼啦，知道自己是冠军后太激动了。"说到这时，他流下了激动的眼泪。

"绿色" 桂冠

　　此届奥运会上，为了沿袭古代奥运会的传统，雅典特意给获得奖牌的选手准备了象征和平的橄榄枝。在雅典奥运的最高领奖台上，翠绿的橄榄枝桂冠成为环绕在最优秀运动员头上的光环。

雅典奥运会冠军队员头上的橄榄枝

　　在奥运会开幕前一个星期，工作人员开始砍伐橄榄枝，然后捆扎起来，放在水里保温和保鲜。他们选取的 6 万根枝条一般都生长了两年以上，而橄榄树本身则至少有 300 年的树龄。这些橄榄枝装上船，经过 6 小时的航行，送到雅典。然后就是制作程序。在雅典郊区的一个租用的仓库里，许多花匠在创造着历史。他们从奥运会前两周开始工作，要一直进行到奥运会结束。每个桂冠大概都需要 15 分钟的时间完成。那些花束都是精心编制的，每个花束都是由一个橄榄枝作为基础，配上五种希腊境内的花，象征着奥运会的五环。

　　在未来的若干年里，人们只要看到这届奥运会的照片，就会意识到那是雅典奥运会——因为有橄榄枝桂冠。

唯一的奥运会金牌被偷走

　　在本届奥运会上，以色列选手高尔·弗里德曼在男子帆船米斯特拉级比赛中，为以色列代表团夺得雅典奥运会的首枚金牌，这也是以色列历史上第一枚奥运会金牌。

2005 年 6 月 7 日，雅典奥运会冠军弗里德曼父母家窃贼光顾，弗里德曼保存在那里的奥运金牌不翼而飞。

这是一枚堪称以色列"国宝"的金牌：2004 年 8 月 25 日，在雅典奥运会男子风浪板决赛中，弗里德曼获得冠军，终于为以色列实现了奥运金牌"零的突破"。难怪弗里德曼通过以色列国家电视台，公开恳求小偷把金牌还给他。

到底哪个靶

美国选手埃蒙斯在 8 月 22 日进行的雅典奥运会男子步枪 340 的决赛中犯了一个业余选手才有可能犯的错误——把自己的最后一枪打到了别人的靶上，令所有人惊诧不已。

还剩最后一枪时，美国选手马修·埃蒙斯领先排名第二的中国选手贾占波 3 环，几乎已经稳获金牌。最后一枪只需打 8.0 环就可以拿到自己继步枪卧射之后的第二枚金牌，因为此前的 9 枪，他的最低环数也有 9.3 环，但是站在第二靶位的他却把最后一发子弹射向了三号靶位靶，最后一枪他只获得 0 环。

结果，中国选手贾占波幸运地获得了该项目的金牌。

第29届 2008年北京奥运会

多年梦圆

鸟巢、水立方、国家体育馆等不断迎来高频率奥运纪录的刷新，而多个国家也在北京奥运会上实现了参加奥运会数十年以来夺得首金的梦想。

一金在手，举国欢庆，就如 1984 年洛杉矶奥运会上许海峰为中国夺得第一枚金牌一样，被载入一个国家的记忆。

蒙古：奥运金牌等了 44 年英雄获赠史上最牛电话号码

14 日，当蒙古柔道选手图布辛巴亚尔把哈萨克斯坦选手阿斯哈特·日特克耶夫重重地压倒在地后，蒙古举国欢呼，这意味着蒙古国奥运会金牌零的突破！

8 月 14 日晚，蒙古男子柔道选手图布辛巴亚尔在北京奥运会男子柔道 100 公斤级决赛中获得冠军，这是蒙古国选手获得的有史以来第一枚奥运会金牌。

图布辛巴亚尔当晚的表现相当出色，先后获得 2 个"有效"和1个"技有"得分，而对手仅获得一个最小得分"效果"。

图布辛巴亚尔将比分优势保持到比赛结束，一举夺冠。

"感谢我的父母，还有教练！这是我赛后最想说的话。"实现了蒙古国奥运金牌零的突破的图布辛巴亚尔赛后激动地说。这是蒙古国自1964年参加奥运会以来获得的首枚金牌。

蒙古国媒体报道，该国数万观众观看了直播。本国运动员获胜后，人们欢欣鼓舞，奔走相告，有的聚集到乌兰巴托市中心广场举行庆祝。将至深夜，乌兰巴托燃放烟花的声音仍不绝于耳。

当天，蒙古国总统那木巴尔·恩赫巴亚尔下令授予图布辛巴亚尔"功勋运动员"和"劳动英雄"称号以及象征最高荣誉的"苏赫巴托"勋章。蒙总统还发出贺电，代表蒙全体人民向图布辛巴亚尔表示感谢，并希望这枚金牌能带动蒙体育事业发展。

蒙电信公司当天决定免费向图布辛巴亚尔提供"9999－9999"的电话号码。"9"对蒙古国人来说是一个吉祥的数字。

巴拿马：男子跳远决赛阿兰达夺冠为巴拿马夺奥运首金

北京时间8月18日，北京奥运会田径比赛第四日，晚上在国家体育场结束的男子跳远决赛中，巴拿马选手欧文·哈伊尔·萨拉迪诺·阿兰达以8米34，获得金牌，这也是巴拿马1928年组团参加奥运会以来，首次夺得金牌。银牌和铜牌分别被南非选手科措·莫库纳和古巴选手易卜拉欣·卡梅霍获得，他们的成绩是8米24和8米20。

阿兰达在及格赛中仅跳出8米01，没有达到8米15的及格线，但凭借排名第9，也顺利晋级。今天，阿兰达第5位出场，他开始发挥并不好，第一跳就失败了。好在他迅速地做出了调整，越跳越好，第二跳跳出了8米17，第三跳跳出了8米21，第四跳更是跳出了8米34，虽然最后两跳都失败了，但凭借着第四跳8米34的成绩，阿兰达获得金牌。短跑选手L·拉比奇曾在1948年伦敦奥运会100米和200米比赛中为巴拿马摘得两枚铜牌。

巴林：田径运动员拉姆齐将巴林的名字载入了奥运的史册

2008年8月19日，拉希德·拉姆齐为巴林赢得了2008年北京奥运会男子1500米的金牌。拉姆齐的这枚奖牌是巴林奥运会历史上的首枚奖牌，是阿拉伯人继突尼斯游泳选手乌萨马·迈卢利之后所获得的第二枚金牌。

拉姆齐曾是2005年赫尔辛基世锦赛800米和1500米的双料冠军，为巴林赢得了世界殊荣。在奥运赛场上，只有1964东京奥运会上的新西兰选手斯内尔获得过如此成就，一人独揽两个项目的金牌。

在获得历史性成就之后，田径运动员拉希德·拉姆齐说：他将把金牌作为礼物赠送给他的巴林人民和每一个阿拉伯人，还有全世界他的所有朋友和支持者。

赛后拉姆齐在对德国通讯社的谈话中说：他已经对这次胜利等了很久，他指出在中国举行奥运会由于时差差异巨大，增添了他完成任务的困难，他不能在正常时间入睡，这很大程度上影响了他，但他克服了所有的阻碍。

他的摩洛哥教练哈立德把拉姆齐形容为一个大英雄，他表达了对这次给全体巴林人带来快乐的获胜的极大喜悦。他补充道：拉姆齐具有世界一流的能力才干，使他能够在之前的几次世锦赛以及本届奥运会上承受很大的压力。

同时，巴林奥运代表团发言人尼多尔－巴哈拉将拉姆齐的成绩描述成名副其实的历史性成就。"今天巴林进入了奥运和体育历史的更宽广的大门。"他指出巴林国王全程观看了比赛，是第一个祝贺拉姆齐获得金牌的人，拉姆齐将给他的同伴们夺取更多奖牌的动力。

突尼斯：40 年后再摘金 24 岁泳坛小将成为传奇

突尼斯选手乌萨马·迈卢利以 14 分 40 秒 84 的成绩，制造了本届奥运会游泳比赛的最大冷门。

对一个国家来说，菲尔普斯的 8 金意义远远不及 1 枚泳坛上的 1500 米自由泳金牌，因为这是这个国家 40 年来拿的第一枚奥运金牌。

突尼斯 24 岁的游泳运动员迈卢利，17 日在北京奥运会男子 1500 米自由泳决赛中一举夺金，从而实现了阿拉伯国家在本届奥运会上金牌零的突破。突尼斯总统本·阿里在第一时间向他发去贺电。在 17 日举行的北京奥运会男子 1500 米自由泳决赛中，来自突尼斯的迈卢利击败澳大利亚名将哈克特，以 14 分 40 秒 84 获得金牌。

那年 28 岁的澳大利亚名将哈克特是悉尼、雅典两届奥运会男子 1500 米自由泳的金牌获得者，并持有这个项目的世界纪录，堪称"长距离之王"。如果能再次卫冕，他将是奥运会历史上第一个三次获得这个项目金牌的选手。但 24 岁的迈卢利打碎了哈克特的梦想。

这是自 1968 年墨西哥奥运会上突尼斯运动员穆罕默德·加穆迪获得男子 5000 米长跑金牌后，突尼斯在奥运会上获得的第二枚金牌，也是阿拉伯世界和非洲国家在该项目上获得的第一枚金牌，因此具有特殊的历史意义。

突尼斯电视台一直在播放北京奥运会的各项精彩比赛，而迈卢利的夺冠镜头变成了该台滚动新闻的主角。

阿塞拜疆：夺首金原来只要 13 秒柔道健将成为国家英雄

11 日，阿塞拜疆选手叶尔努尔·马马德利夺得北京奥运会男子柔

道73公斤级冠军，他成了阿塞拜疆当之无愧的国家英雄。阿塞拜疆之前从来没有获得过柔道奥运金牌，马马德利为他的祖国拿下奥运会历史首枚柔道金牌。

13秒！叶尔努尔·马马德利闪电般以"一本"战胜韩国选手王棋春夺得北京奥运会柔道比赛男子73公斤级金牌。

叶尔努尔·马马德利决赛对手是韩国的王棋春。夺冠后，他激动地亲吻比赛服上的国旗，而阿塞拜疆举国沉浸在喜悦之中。

15日，3名在北京奥运会获奖牌的阿塞拜疆运动员完成赛事乘飞机回国，在机场受到阿利耶夫总统的热烈欢迎。

据媒体报道，阿利耶夫在舷梯旁与3名运动员亲切握手，一起走过红地毯。3名获奖牌运动员包括73公斤级柔道运动员叶尔努尔·马马德利乘坐敞篷轿车，穿过首都巴库街道，受到市民夹道欢迎，少女们穿着艳丽的民族服装，载歌载舞，年轻人将北京奥运英雄举过头顶。

总统奖房子

鲁胡拉·尼帕伊在奥运会跆拳道男子58公斤级铜牌争夺赛获胜，实现了阿富汗奥运史上奖牌零的突破。

8月20日晚上，在北京科技大学体育馆进行的北京2008年奥运会男子58公斤级跆拳道比赛中，阿富汗选手鲁胡拉·尼帕伊获得铜牌，为阿富汗夺得历史上首枚奥运会奖牌。

在铜牌争夺战中，尼帕伊超水平发挥，以 4∶1 的比分击败了西班牙选手、前世界冠军胡安·安东尼奥·拉莫斯，从而为阿富汗赢得了奥运会历史上的第一枚奥运会奖牌，实现了阿富汗奥运史上奖牌零的突破。比赛结束后，尼帕伊激动地跪倒在地上，流下了喜悦的泪水。尼帕伊告诉记者，这枚奥运会奖牌意义重大，因为他的祖国在近 30 年里都处于战乱之中：

"我从 11 年前跟随我哥哥开始练跆拳道，我一直很努力，虽然阿富汗的训练条件不好，但在韩国教练的帮助下，我取得了突破。我希望这枚奥运会奖牌能给我的祖国带来和平的希望。"

阿富汗体育代表团派出 4 名运动员参加北京奥运会的比赛，其中包括两名跆拳道运动员和两名短跑运动员。

由于国家安全局势长期不稳定以及经济发展滞后，阿富汗运动员平时缺乏完善的训练设施和资金。据悉，为使阿富汗体育代表团能够参加北京奥运会，国际奥委会给予了一定的资助。

尼帕伊的成功在阿富汗首都喀布尔引起强烈反响。20 日，一些当地电视台中断正在播出的节目，插播了尼帕伊获得奖牌的消息，很多喀布尔市民获知喜讯后击掌相庆。

阿总统府新闻办公室官员阿尤比说，阿富汗总统卡尔扎伊 20 日亲自打电话给尼帕伊，祝贺他取得这一阿富汗历史上的胜利。他透露说，总统还指示有关部门要奖励尼帕伊一套住房。

尼帕伊透露，他在阿富汗的训练生活异常艰辛，他说，"为了今天的比赛，我训练得非常辛苦，我们训练的条件不是很好，我们没有好的地方训练，训练场甚至不能洗澡，但是我坚持下来了，因为我喜欢这项运动。有时，我白天给别人理发挣钱，晚上训练"。

阿富汗当地媒体报道称："尽管缺少设施、经验以及专业的教练指导，但是我们的运动员打败了世界冠军拉莫斯，这是我们的骄傲。这说明（我们的国家）不缺少天才，而是缺少发掘和培养。"

感动世界的瞬间

最心酸的瞬间

8月19日北京奥运会男子举重105公斤以上级的颁奖仪式上演了感人的一幕：该项目冠军、德国选手马·施泰纳把亡妻苏珊的照片和奥运金牌高高举起，让人们不仅看到一个强壮的大力士，还深深感受到他对妻子深深的爱。这位德国大力士在比赛最后阶段上演大逆转，用一枚沉甸甸的奥运金牌来祭奠亡故的妻子，此情此景令人不禁潸然泪下，成为北京奥运会上感人至深的一幕。2007年7月的一起车祸夺去了施泰纳妻子苏珊的生命，从此施泰纳就一直随身带着苏珊的照片，高强度的艰苦训练就成为施泰纳摆脱痛苦思念折磨的唯一途径。26岁的施泰纳在夺金后激动地表示，他的亡妻苏珊在比赛中一直陪伴着他，给予他夺金的勇气。他说："我所有的期盼就是苏珊在今天可以看到我的成功。我不是一个迷信的人，但我可以肯定的是，苏珊在注视着我，她在我的心里，给予我勇气和力量。这是一场献给苏珊的胜利。"马·施泰纳夺得的这枚奥运金牌不仅是德国16年来获得的第一枚奥运举重金牌，更证明了爱能创造奇迹。

最坚强的瞬间

她用一只手臂做到了常人用两只手都很难做到的事情。她的名字叫娜塔莉娅·帕蒂卡，一个天生右下臂残疾的坚强姑娘，一个被誉为为乒乓球而生的波兰"维纳斯"。8月13日是帕蒂卡在本届奥运会的

首次高调"出镜"，她代表波兰队与中国香港队进行女团小组赛的第一轮比赛，虽然最终以微弱分差惜败。但比赛中，这位独臂女侠还是赢得了全场的尊敬和掌声。在波兰排名第三、世界排名第 147 位的帕蒂卡，从 7 岁起就迷上了乒乓球，11 岁参加残奥会，15 岁赢得 2004 年雅典残奥会乒乓球冠军。今年她还在世乒赛首轮小组赛中打败了世界排名第六的新加坡名将李佳薇，证明了自己的实力。虽然帕蒂卡最终没有取得本届奥运会女单的入场券，但她却得以代表波兰乒乓球女队参加女团比赛，同时也力求在残奥会上捍卫金牌。作为残疾运动员，帕蒂卡用别样的美丽诠释着体育运动的真谛，也感动着世人。

最感慨的瞬间

伊拉克奥运代表团在奥运会开幕不到十天才得到参赛资格，他们的队员甚至连队服都没有。皮划艇上，其他国家的选手都穿着合适的队服，而伊拉克的选手则穿着已经起球的旧 T恤，但他们仍然在顽强的比赛。而由于资金匮乏，参加短跑比赛的伊拉克女选手达娜·侯赛因也只能穿着一双有些破损的"二手"跑鞋参加比赛。她的一句话曾让世界潸然泪下，她躲过了两次枪击后依然坚持训练，但是此前得知无法参加北京奥运会时，她

一度崩溃了。教练安慰她，4 年后可以参加伦敦奥运会，21 岁的达娜脱口而出："照伊拉克这个样子，我不知道自己能不能活到 2012 年……"中国网友得知这一消息无不为之动容，在开幕式伊拉克代表团入场时，全场中国观众给予了不亚于东道主代表团的礼遇，报以热烈的掌声。当他们离开时，中国网友特意将自己准备的球鞋、衣服、福娃以及各种具有中国特色的礼物送给伊拉克代表团，伊拉克队员收礼物收到手软。伊拉克队的教练非常感动地说："虽然我们远离家乡，但我们在中国感受到了温暖。希望大家有机会能到巴格达，让我们来回报你们。"

最欣慰的瞬间

在北京奥运会体操女子个人全能决赛中，出现了一张并不年轻的面容，其眼神透出坚定与温柔。她就是已经 33 岁的德国老将奥克萨娜·亚历山德罗芙娜·丘索维蒂纳。为了给患白血病的儿子治病，她曾以 26 岁高龄复出参赛，此次是她第 5 次参加奥运会比赛，并获得女子跳马银牌，现场观众对她表达了敬佩之情。丘索维蒂纳的大儿子阿廖沙 2002 年被诊断患上白血病，由于治疗需要高昂的费用，生活并不富裕的丘索维蒂纳一家实在难以支付，于是她选择了复出参赛，因为"一枚世锦赛金牌等于 3000 欧元的奖金，这是我唯一的办法"丘索维蒂纳说。为了能够尽可能多的参加比赛，争取获得奖金的机会，丘索维蒂纳每次都会把体操的 4 个项目全部都报上名。为了儿子，从 26 岁开始，丘索维蒂纳朝全能型发展。"母爱胜于天"，中国这句老话很适合丘索维蒂纳，目前，儿子的病情已经好转，只需要进行定期的检查，因此丘索维蒂纳终于松了口气，她表示："我参赛，不再是为了奖金，而是真的喜欢这项运动。在这个世界上，再也没有比它更可爱的了。"

最留恋的瞬间

2004年，举重选手努尔詹·塔伊兰以总210.0公斤的总成绩夺得雅典奥运会女子48公斤级举重金牌，成为首名赢得奥运金牌的土耳其女运动员。她说："这是土耳其妇女在奥运比赛中的第一个巨大胜

利。我将这一胜利献给土耳其民族。"四年后的北京，她抓举开把的重量是84公斤，可惜三次试举均告失利，最终比赛无成绩。失利后，塔伊兰在下场前特意吻了一下杠铃，令人动容，她在这一吻中完全倾注了对举重项目的热爱，这是不舍，是留恋，是遗憾。

最真挚的瞬间

三名外国人在开幕式上救助一名晕倒的中国女孩的事迹，成为了中

国各大网站论坛的热门话题。现在经过多方努力，这三位无名英雄的姓名终于被查实，他们分别是：波兰代表队首席医务官休伯特·克日什托菲亚克、队医马尔钦·克日什托杰克和23岁的波兰皮划艇女选手贝娅塔·

米科瓦伊奇克。为此，他们错过了奥运会点火仪式。但有网友留言说："这张照片完美地诠释了本届奥运会主题曲表达的情感：我们来自同一个世界，我们是一家人。奥运会将人们连在了一起，不论种族、文化和语言。"

最委屈的瞬间

北京奥运会男子10米气步枪的决赛8月11日在北京射击馆进行，

卫冕冠军朱启南在决赛中慢热，而宾德拉决赛中发挥出色，他后来居上以700.5环的成绩夺取金牌，朱启南依靠最后一枪逆转获得银牌。这是最近三届奥运会以来，中国首次丢失这枚金牌。在颁奖仪式上，朱启南不禁失声痛哭，内心亦喜亦忧之情完全释放出来。

最执着的瞬间

8月18日，俄罗斯选手伊辛巴耶娃在北京奥运会女子撑杆跳高决赛中夺得金牌并创造新的世界纪录5.05米。这是这位跳高女王第24次改写自己保持的世界纪录，无疑是田径第四个比赛日最完美的"收官"。助跑、撑杆、跃身、过杆……伊辛巴耶娃翩然而起，一气呵成，5.04米的前世界纪录顿时成为过眼云烟，全场呼声震天。"天空是我不断挑战的极限，我想我很快会向5.10米发起冲击的。"这个距离天空最近的女人，无忧无虑地在属于她的高度自由飞翔。

最勇敢的瞬间

在男子10000米项目中，埃塞俄比亚选手内尼萨·贝克勒打破奥运

会记录，以 27 分 01 秒 17 夺冠。但是从雅典奥运会冠军到北京奥运会冠军，贝克勒的内心承受着巨大的伤痛。2005 年，贝克勒在他未婚妻、年方 18 岁的阿莱姆陪同下进行训练，但在他开始跑步时未婚妻突然倒地，贝克勒只能把她带回镇里，途中她停止了呼吸。贝克勒异常悲痛，想要退役。2005 年夏他又重新振作参加了世锦赛，并且赢得了冠军。他说："我不能放弃，跑步是上天赐与我的礼物，是我的天赋所在，也是我的工作。任何事情都有可能发生。也许你做不到，但是我可以。我自己能够掌控好。"

最温馨的瞬间

冼东妹赢了，以微弱优势战胜朝鲜选手，实现了自己在奥运会柔道 52 公斤级比赛中的卫冕。她成为中国奥运历史上第一个"冠军妈妈"，同时也是世界女子小级别柔道界第一位在奥运会上实现卫冕的选手。夺冠后，冼冬妹挥舞着双手，

0

任眼泪在空中挥洒。成功卫冕的冼东妹哽咽着向女儿保证："妈妈一年多没在身边，以后会好好补偿你"。在接受媒体采访时，冼冬妹对着电视镜头说："女儿，妈妈一年多不在身边，你还好吗？你想妈妈吗?"场面感动了所有在场的人。

第30届 2012年伦敦奥运会

有范儿最时尚的奥运制服

各国代表团成员在入场仪式上的着装是奥运会的一大看点。运动员向来是最好的"衣服架子",他们会把整个入场仪式演变成一场时装秀。

荷兰代表团制服:最美郁金香

荷兰代表团制服设计以荷兰国旗色为主:红、白和蓝色,搭配点缀荷兰代表橙色;设计的主题向传统英国运动网球和板球致敬。每位运动员的胸前都点缀上超大朵代表荷兰形象的橙色郁金香,配上极其醒目的橙色西裤与风衣，极具荷兰风情。网友称，荷兰队出场服堪称最美、最炫、最时尚。

熟悉的帽子和闲逛的红衣女子

奥运会就是一场狂欢，世界各地的人都可以想着法子去高兴。在看女子飞碟比赛直播时，突然看到一名运动员戴的帽子很特别，也很熟悉。仔细一看，原来是 4 年前北京奥运会标志的帽子。

人们在想，她为什么要戴这样的帽子呢。

可能是她在北京奥运会上成绩不错，借此，再创佳绩。也可能是她很怀念北京奥运会，那里给她留下难忘印象，借此来表达自己的心情吧。

有一名与印度代表队服装不一样的女子走在开幕式上的印度队中。她穿着红色上衣，在队伍的前列。可笑的是，印度队都不知道她是干什么的，后来，可能是让印度民众发现了，再追问代表队怎么回事。他们才想起来问组委会，据说是工作人员。但别的队怎么没有？开幕式志愿者都在参与表演，哪能有人在这里闲逛呢？

骑三轮车追奥运

11 年，14 万公里，三轮车行过中国 80% 省份，上过 7200 米珠峰。两年十余国奔波，土耳其刺骨风雪中盐巴大饼吃雪。六旬老人陈冠明对记者说：我就是想为奥运做点事，我唯一怕的是不能在奥运开幕前到达。

陈冠明偷偷摸摸地骑着自己最珍贵的家当——一辆三轮车离开了村

口，他并不是如家人朋友以为的去修车，他要骑车环游中国，并在北京奥运前到达北京。"怎么说来着，就是先斩后奏吧！我一个月后到了杭州才告诉家人我是骑车出来支持奥运的！"

这疯狂的念头他在脑海中只酝酿了五天——2001 年 7 月 13 日北京申奥成功那一刻，他就想着自己能为奥运做点什么："我吧，要钱没钱，也没有什么手艺，想来只有一辆三轮车。奥运总要做广告，要宣传嘛！那我就骑三轮车去北京，去宣传奥运！"

问及这一路三轮骑行，一人面对孤独，又省吃俭用风餐露宿，有没有后悔过？有没有怕过什么？陈冠明说："没有。我有三轮车，没钱可以载客赚点钱。一路也有好心人帮忙，给我塞东西。最怕就是不能赶在奥运会开幕之前到达。赶不上了，不就没意义了么！"

很幸运，陈冠明在北京奥运开幕前十几天到了北京。而这次他也刚好于 2012 年 7 月 9 日从法国坐船抵达了英国。

奥运制服成笑柄

西班牙奥运代表团的制服成了笑柄，为省钱请俄罗斯设计，出征伦敦的西班牙运动员表示，扎眼的红色加上黄色的搭配让他们感觉非常不合身。

西班牙运动员早些时候将奥运制服的照片放到了网上，网友看到后纷纷吐槽，西班牙的设计师们也是毫不客气地给予了批评之词。

赛艇冠军克拉维奥托说："我在家试了这套衣服，算了，我还是不做评论了，衣服送给你们吧。"虽然没有明说，但从克拉维奥托的话中能看出他有多么的无奈与不满。

北京奥运会曲棍球银牌得主法布雷加斯说："我都没有足够的形容词来形容这套奥运制服。"

负责西班牙奥运代表团制服设计的是一家俄罗斯公司，这家公司是免费提供给西班牙奥委会的。

西班牙国内的设计师对此事非常愤怒，因为西班牙奥组委竟然没有雇佣本国的公司负责奥运制服的设计工作，俄罗斯生产的奥运制服代表不了西班牙时尚产业的形象。

铜牌仅值一个汉堡

伦敦奥运会、残奥会共颁发4700枚奖牌；总共使用了8吨金银铜。据法新社报道，这是夏季奥运会史上最贵的奖牌。

例如，金牌直径85毫米、厚度7毫米，重量达到410克。2008年北京奥运会奖牌重约200克，这次奖牌重一倍以上，可以说是夏季奥运会史上最重的奖牌。若是包括冬季奥运会，2010年温哥华冬季奥运会的奖牌重量为576克，伦敦奥运会仅次于温哥华。

虽称之为金牌，却与纯金相差甚远。所含黄金仅为6克，占总重的1.34%，92.5%都是银合金，还掺有一些铜。银牌93%是白银；其余为铜。铜牌几乎都是铜。

随着最近黄金、白银市场大涨，这些奖牌成为史上最贵的奖牌。当然，评价奖牌的价值很难。据CNN报道，假如融化掉当做原材料出售，金牌能卖650美元；银牌价值335美元；铜牌值不到5美元。如果你获得第三名，相当于可以买个奶酪汉堡包。

据华尔街日报报道，近期奥运会最廉价的金牌出现在2000年悉尼奥运会，只值80美元；奖牌本身就小，金银含量还低。最贵的奖牌是1980年普莱西德湖冬奥会，换算成现在价值达到1000美元。

　　当然，对于运动员而言，奖牌究竟含有多少贵金属无所谓。只有为数很少的运动员拿到手的奖牌，价值会超过贵金属市场价值。例如。悉尼奥运会上50米自由泳比赛，埃尔文·安东尼获得了金牌。他在2005年将自己的金牌进行网上拍卖，最终成交价达到17100美元。他将全部款项都捐助给了救灾基金。

洗澡摔坏奖牌

　　伦敦奥运会奖牌质量如何，巴西选手费利佩北代给出了答案。在男子60公斤柔道比赛中，巴西选手费利佩北代战胜了意大利选手维尔多，获得铜牌，他欣喜不已。但是，在颁奖后洗澡的时候，不幸发生了。北代讲述整个过程说："我本来害怕把奖牌弄湿了，所以就用牙齿咬着奖牌，结果它从我的嘴里滑出去了。"奖牌落到地上，拴绸带的地方当即被摔断了。幸运的是，国际奥委会决定给他换一块铜牌。